T0287688

Ramiro A. Calle

Meditación para niños

Ilustraciones de Miguel Herranz

editorial airós

© 2016 by Ramiro Calle
© de la edición en castellano:
2016 by Editorial Kairós, S.A.
Numancia 117-121, 08029 Barcelona, España
www.editorialkairos.com

Fotocomposición: Beluga & Mleka. 08008 Barcelona
Ilustraciones: Miguel Herranz
Impresión y encuadernación: Romanyà-Valls. 08786 Capellades

Primera edición: Mayo 2016
Segunda edición: Noviembre 2018
ISBN: 978-84-9988-497-4
Depósito legal: B 6.652-2016

Este libro ha sido impreso con papel certificado FSC, proviene de fuentes
respetuosas con la sociedad y el medio ambiente y cuenta con los
requisitos necesarios para ser considerado un «libro amigo de los bosques».

Sumario

Agradecimientos

Estoy muy agradecido a mi buen amigo Agustín Pániker y a todo su magnífico equipo editorial. Mi gratitud para mi entrañable amigo el doctor Rafael Rubio, un extraordinario profesional y una bella persona, querida por todo el mundo. Expreso mi sincero agradecimiento al excelente profesor de meditación Paulino Monje, así como a mi leal amigo y asiduo practicante de yoga y meditación Antonio García Martínez. Siempre estoy en deuda de gratitud con mis alumnos en el centro de yoga que dirijo desde hace cuarenta y cinco años, Shadak, por su confianza y cariño. Mi profundo agradecimiento para la excepcional profesora de yoga Almudena Haurie Mena, pionera de esta disciplina en nuestro país, por la inmensa ayuda que me prestó en mis primeros viajes a la India y Sri Lanka, ayudándome a contactar con un gran número de yoguis, maestros de meditación, mentores espirituales y monjes budistas.

Introducción

Hace más un año publiqué en la Editorial Kairós mi obra *Yoga para niños*, que ha obtenido una excelente acogida. Entonces ya le comuniqué a mi buen amigo Agustín Pániker –editor de Kairós– mi intención de poder escribir y publicar una obra en la que se abordara el tema de meditación para niños, incluyendo una información sucinta, pero muy precisa a tal fin y, sobre todo, incorporando técnicas y métodos con los que niños y adolescentes pudieran beneficiarse. Ahí quedó mi propuesta. Meses después Agustín y yo convenimos en la necesidad de publicar una obra de este tipo. Unas semanas más adelante vino al centro de yoga Shadak (que dirijo desde hace cuarenta y cuatro años) el gran maestros cingalés de meditación Upul Gamage. Nos dio un curso intensivo de meditación a lo largo de dos tardes. La última mañana de su estancia en Madrid vino a visitarme a casa y estuvimos charlando un par de horas. Le pregunté qué le parecería un libro de meditación para niños y me contestó rotundamente que era muy interesante y conveniente; insistió en la necesidad de que los niños aprendan a meditar. De hecho, es mucho el provecho que niños y adolescentes pueden obtener de la práctica de la meditación, que se convertirá así en una gran aliada el resto de sus vidas. La meditación enseña a meditar, a dominar la mente, y el niño puede ir familiarizándose con su práctica y luego mantenerla a lo largo de su vida. La meditación no es un lujo, sino una necesidad específica, de ayuda tanto para niños como para ancianos, sanos o enfermos, y cualesquiera que sea la condición de la persona.

Es importante que el niño tome la ejecución de los ejercicios como un juego si es muy pequeño y en cualquier caso como una especie de desafío o aventura que pueda resultarle excitante y no tediosa. Aquí tiene un papel fundamental el instructor.

No me voy a alargar más en esta introducción, pero sí diré que he escrito este libro con gran entusiasmo, convencido plenamente de que la meditación puede hacer a los niños más sosegados, atentos, cooperantes y dichosos. Comento en muchos de mis seminarios o en mis clases que el mejor consejo que me dieron a mí es «Medita», y es el mejor que yo puedo dar a los demás. Este libro está escrito para padres o familiares que quieran introducir, orientar e instruir a sus hijos en la meditación y, por supuesto, para instructores y profesores. Es una obra muy práctica, porque, como decimos en la tradición del yoga, «vale más un gramo de práctica que toneladas de teoría».

RAMIRO CALLE

1. La misteriosa mente del niño

La mente de todo ser humano es misteriosa, pero aún más lo es la del niño, sobre todo desde el enfoque de un adulto. Fuimos niños, sí, pero hemos olvidado cómo era nuestra mente de entonces.

La mente de un niño tiene una frescura que ha perdido la mente del adulto, pero aun así es muy inestable y está condicionada por temores, ansiedad, sentimiento de incomprensión, angustia, indecisiones y contradicciones, agitación y momentos de abatimiento. Es una mente distraída, y a su propietario le suele costar canalizarla. A menudo, erróneamente, los adultos no tomamos consciencia de los problemas psicológicos y existenciales del niño, incluso les ignoramos, y el niño se siente como discriminado, poco o nada comprendido, hondamente insatisfecho y muchas veces desasistido. Al adulto, aun habiendo sido niño en su día, se le escapa la psicología del adolescente y así se produce una desconexión que muchas veces no lo parece en lo aparente, pero que sí está en lo profundo.

Yo fui un niño complicado o, como se suele decir, difícil. Desde mi más corta edad me planteé todo tipo de interrogantes de tipo metafísico o existencial. No es una excepción, pues hay mucho niños que he conocido que desde temprana edad ya se preguntan por el sentido de la vida, les atormenta la muerte o la finitud, se cuestionan el porqué han venido a este mundo o qué tienen o pueden hacer en él. En mi adolescencia era víctima de la más inquietante sensación de zozobra. Tuve los padres que siempre hubiera elegido, maravillosos, pero aun así, y teniendo todo lo que podía materialmente desear, experimentaba la llamada «insoportable levedad del ser» o la «ineludible pesadez de vivir». Es un sentimiento que, más o menos agudamente, tienen muchos adolescentes. No basta con atiborrarles de estímulos del exterior o darles todo lo que uno cree que les puede ayudar. El niño necesita otra cosa, del mismo modo que siente que sus padres son una gran seguridad para su vida, pero que hay otra vida, la interior, en la que no saben o no pueden bucear.

El niño es mucho más perspicaz que el adulto, porque en él existe una especie de intuición o especial captación que luego se pierde con los años. El niño es muy hábil en algunos sentidos y, por otro lado, tiene una capacidad mimética muy desarrollada. Capta los estados de ánimo de sus mayores y es muy vulnerable a las perturbaciones emocionales que puedan originarse en el seno familiar. Su mente es como una esponja que todo lo absorbe. Los primeros años de la vida de un niño estarán marcados por su historia familiar. Arrastramos muchos de los complejos, ambivalencias, temores aparentemente infundados y frustraciones desde los primeros años de vida, unas veces porque se han producido en la familia y otras veces en la escuela o el entorno. Esos años también son definitivos para consolidar o no una sólida autoestima, que no hay que equivocar con la egorrealización. El niño debe ir aprendiendo a velar por su autovaloración, y en eso también tienen un papel fundamental los abuelos, padres o adultos de la familia, incluso los hermanos mayores, si los hay.

Para el niño será de gran ayuda que se le vayan procurando instrucciones y métodos para conocer, estabilizar e ir dominando poco a poco su mente. Estas instrucciones y métodos (que deben serle procurados en un lenguaje acorde a su edad) le abrirán una puerta hacia la armonía y le servirán de aliados a lo largo de su vida. Yo encontré estas instrucciones y métodos a los quince años de edad. Tuve esa gran fortuna, porque entonces en España casi nadie sabía de ellos. Pero escuché hablar de yoga y de meditación a un gran amigo, Rafael Masciarelli, y gracias a ello tuve la oportunidad de empezar a reorganizar mi difícil psicología. Recibí estas instrucciones con entusiasmo, así las recibirá el niño si los adultos le ponen al corriente del alcance de las mismas y las empieza a incorporar a su vida experimentándolas como amigas en todo momento. Pude, gracias a estas enseñanzas milenarias, ahora tan en boga, pero a veces muy mal explicadas o falseadas, canalizar mi mordiente insatisfacción y empezar a saber, por experiencia, que con este legado que se me había regalado tendría la posibilidad de irme convirtiendo en mí mismo.

A menudo, el niño se siente perdido dentro y fuera de sí. Si no se canaliza su insatisfacción, en el peor de los casos puede entrar en esos paraísos artificiales y tan peligrosos que son los de las sustancias tóxicas, sean más o menos ligeras o duras. Gran número de adolescentes o jóvenes, seguro, se abocaron a la arriesgada aventura de la adicción como medio de evasión, o para poder soportar «la insoportable levedad del ser». Si el adolescente encuentra unas técnicas que le ayuden a estar mejor consigo mismo y en sí mismo, es seguro que no se precipitará hacia el abismo de las adicciones, sean estas más o menos destructivas. Si el adolescente comprende que la solución también tiene que buscarla en sí mismo, no estará tan proclive a solo hallarla en lo exterior, y empezará a darse cuenta de que lo exterior y lo interior se relacionan estrechamente. Todo niño debería ir aprendiendo a saber valorar no solo el «tener», sino también el «ser». Hay que ir logrando un ego maduro, que no propenda ni al sentimiento de inferioridad ni al de superioridad.

En sesiones privadas he atendido un considerable

número de personas alcohólicas, ludópatas o inclina-
das a distintas adicciones, que arrastraban trastornos
neuróticos o emocionales desde la infancia y que no
fueron capaces ni supieron compensar de otro modo,
con actitudes y conductas saludables. Uno puede llevar
desde la adolescencia jugando al escondite consigo
mismo, arrastrando un lesivo y no creativo sentimiento
de soledad, y no sabiendo relacionarse con la vida de
cada día y teniendo que buscar falsas «soluciones» o
soluciones neuróticas para salir del atolladero.

Los padres tienen un papel muy destacado en la vida
psíquica del niño. Hay padres que lo arreglan todo con
ser demasiado permisivos y procurarle al niño todas las
cosas materiales que requiera; otros se van al extremo
opuesto, y se tornan demasiado autoritarios o rígidos en
la educación. En cualquier caso, se hace un flaco favor
al adolescente, que debe recibir una disciplina equilibrada y que no le afecte negativamente por defecto o por
exceso. Por otra parte, padres inmaduros o neuróticos
no es fácil que sepan educar armónicamente a sus hijos.
No cabe duda de que cuanto más equilibrados estén
los padres, más capacitados estarán para educar mejor
a sus hijos. La educación es bien difícil y la educación
escolar suele ser bastante desastrosa, dados los patrones
sociales, y no es de extrañar que sea una asignatura
pendiente que tanto «ha obsesionado» a mentes agu-
das como las de Tagore o Krishnamurti.

La práctica asidua puede hacer que el adolescente se sienta más seguro de sí mismo y pueda así tallar vínculos afectivos más sanos con sus progenitores, profesores, compañeros y amigos. Si los padres son meditadores, estarán más capacitados para motivar al niño en el campo de la meditación y podrán establecer relaciones más armónicas y fecundas. Por otra parte, meditar padres e hijos en grupo es también una buena manera de comunicarse no solo a través del lenguaje, que a veces levanta una barrera entre padres e hijos, en lugar de evitarla.

Pero llegados a este punto, ya que aseguro que la meditación es un método idóneo para los niños, tengo que explicarme sobre esta disciplina milenaria que está calando en todas las capas de la sociedad y se está incluso llevando a colegios, institutos, conservatorios, cárceles y empresas. La meditación no es un lujo, sino una necesidad específica, y no de esta época, sino de todas.

La meditación es, básicamente, un método para entrenar y desarrollar la mente. Esta definición ya implica dos aspectos muy importantes: que la mente es desarrollable, o sea, que la mente se puede cultivar. El término de cultivar es muy significativo en este sentido, porque quiere decir poner los medios para que algo se desarrolle y madure, como en el caso de una huerta, que tiene que ser cultivada, o sea atendida adecuadamente, para prosperar. Y el entrenamiento metódico de la meditación, además, sanea la mente, la estabiliza, la dota de concentración y mejora la calidad de la percepción.

La meditación es una técnica para superar los estados de confusión en la mente y crear estados de lucidez. Mediante la meditación se reorganiza la vida psíquica, se tranquiliza el sistema nervioso, se combate la ansiedad y se eliminan tendencias insanas de la mente, como el apego, el odio y la ofuscación.

La meditación (que deriva de la misma raíz que médico, medicina y medicamento) es una medicina para la mente. Como en el adolescente hay tensiones muy variadas en su mente, la meditación le ayudará a disiparlas. El niño, al ir practicando, irá experimentando el inconfundible sabor de la quietud y se aficionará a ella, pues reporta una sensación de bienestar. El adolescente encuentra así un medio hábil y eficiente para que su insatisfacción, su incertidumbre y su desorientación vayan siendo superadas. La práctica de la meditación es una herramienta de bienestar psicosomático, que el niño adoptará con agrado al comprobarlo por sí mismo, pues la meditación es fundamentalmente una experiencia. También le puede resultar más fácil y confortador meditar con sus padres o hermanos.

Mediante la práctica de la meditación, se van superando viejos modelos de pensamiento que causan desarmonía y se van consiguiendo actitudes constructivas.

La práctica de la meditación le enseñará al niño a superar distracciones, centrarse más en lo que hace, incluido el estudio, superar el estrés escolar, valorar cada instante, canalizar su agitación infantil, contar con medios para no dejarse tanto abatir o vencer por estados mentales y emocionales perturbadores. La práctica de la meditación también reporta un sentido equilibrado de la disciplina, tener una mente más libre e independiente, confiar en los propios potenciales internos y ejercer control sobre los pensamientos, las palabras y los actos.

La meditación es una técnica de vida o arte de vivir. Se irá impregnando el niño de ello en la medida en que practique y vayan pasando los años. Comprobará que la meditación le ayuda procurándole una sensación de calma y bienestar, pero que también le ofrece las condiciones oportunas para luego poder mantener una actitud más equilibrada en la vida diaria.

El adiestramiento meditacional va cultivando factores de autodesarrollo que son especialmente beneficiosos para el niño, el adolescente y el joven. Le dedicamos un capítulo al examen de estos factores y su incidencia en el carácter infantil.

Lo que nunca deben hacer los padres es querer imponer la meditación a sus hijos. Cuando en el centro de yoga que dirijo, Shadak, me viene una madre y me dice que está convenciendo impositivamente a su hijo para que medite o haga yoga, siempre le respondo que es la mejor y más eficiente manera para que no lo practique o incluso se muestre refractario. Los padres deben informar al niño con un lenguaje adecuado, e ir adaptando los ejercicios de acuerdo con la edad del niño o el adolescente, a veces a modo de juego, igual que aconsejé en mi obra *Yoga para niños*. Tampoco hay que adoctrinar al niño, pues la meditación es un método aséptico, libre de cualquier dogma o idea religiosa (que, empero, respeta todas). Al niño hay que adiestrarle en la meditación como un método independiente de cualquier sistema religioso o filosófico. Al ir sumando años, él descubrirá con qué enfoque existencial o metafísico se siente más identificado.

A través de la meditación y el progresivo entrenamiento de la atención, el niño irá aprendiendo a valorar más cada momento y a celebrar cada situación. Todos desde niños tendríamos que haber ensayado el estar más en lo que es y no en lo que no es. Esa enseñanza es de gran ayuda cuando uno llega a joven, pues se frena esa mente que es como un mono loco y ebrio, para que no esté constantemente saltando entre el pasado y el futuro, en lugar de abrirse a la realidad del instante.

La meditación limpia la mente. Más grave que la polución ambiental es la psíquica, máxime en una sociedad convulsa y competitiva como la nuestra, donde el niño es sometido a toda clase de ambivalencias y mensajes contradictorios, que sin duda en lo profundo de su psiquis le origina confusión y malestar. Es conveniente explicarle al niño que igual que el cuerpo se lava y los dientes se higienizan, hay que «lavar» la mente. Y del mismo modo que, tras dormir, uno se encuentra renovado, hay que indicarle al niño que tras una sesión de meditación se sentirá más tranquilo y pleno.

2. Cuando estudio, estudio; cuando juego, juego

La meditación le enseña al niño a estar más en lo que es. Todos tenemos una gran resistencia a conectar con lo que somos, porque la mente está demasiado a menudo en el pasado y el futuro. La mente del niño no es una excepción, y al ir sumando años, se vuelve más digresiva, en tanto que en los primeros años parece poder conectar más con la realidad momentánea. Entre otras cosas, la mente es un flujo de incontrolados pensamientos o automatismos. En cierto modo, la meditación nos enseña a detener el incesante flujo de pensamientos y estar más concentrados. Es la diferencia entre lo que se llama multidireccionalidad y unidireccionalidad. Para un estudiante, por ejemplo, la unidireccionalidad de la mente es un gran regalo mientras estudia. Niños muy inteligentes y capacitados fracasan en los estudios porque no logran concentrarse. La meditación les ayudará a concentrarse. Podemos definir la concentración como la fijación de la mente en algo con absoluta exclusión de todo lo demás. Por otro lado, el estrés escolar es un hecho contundente y no infrecuente. En casos extremos ha llevado a niños al intento de suicidio. Pero la meditación desestresa y estabiliza la mente, lo que es útil tanto en el estudio como en cualquier otra actividad. Igual que la luz, el agua o el calor ganan en profundidad y potencia al estar canalizados, lo mismo sucede con la mente. Hay niños muy dispersos que tienen que ir aprendiendo a centrarse más en la actividad que en el momento están llevando a cabo. Cuando se estudia, se estudia; cuando se juega, se juega. Como dijo el maestro zen: «Cuando como, como; cuando duermo, duermo». El niño va aprendiendo a valorar cada situación por sí misma, y esto acentúa su concentración, pero también su capacidad de conexión con lo que es y su sentido de la vida. Se refuerza la atención a lo cotidiano y, a través de la práctica meditativa, el niño va aprendiendo a encauzar su energía de actividad desmesurada y a disfrutar del momento. Es común que los niños, cuando reciben regalos, estén pasando hiperactivamente de uno a otro, sin realmente valorar en su esencia ninguno de ellos. Así, la atención se dispersa. La adolescencia es una idónea etapa de la vida para empezar a entrenarse metódicamente en la atención, lo que no solo ayudará en los estudios y la relación con los demás, sino que le dará un temple especial al niño, potenciará sus funciones cerebrales, mejorará su afectividad y podrá ir ahorrando un potencial de atención que le vendrá muy bien cuando sea adulto. Son muchos los alumnos que me comentan que ojalá de niños les hubieran ya enseñado la práctica de la meditación y así les hubiera sido más fácil estar atentos en su vida de adultos. Pero también son muchos los que sus padres les llevaron a hacer yoga o meditación cuando adolescentes, y años después, cuando se incorporan a mis clases, me hacen saber cuánto les ayudó el yoga y sus enseñanzas a lo largo de sus vidas; testimonios a veces impresionantes, como el de una alumna que vino al centro de yoga siendo niña y luego este le fue de enorme ayuda cando empezó a tener, de joven, brotes de esclerosis múltiple.

El niño puede ser adiestrado en el cultivo metódico, progresivo y armónico de la atención. De acuerdo con la edad del niño, el instructor (se trate de un profesor, los padres o cualquier otra persona que vaya a ejercer ese papel didáctico) deberá utilizar un lenguaje más o menos llano, adaptado para que al niño le sea comprensible. Lo mismo, en cierto modo, cabe decir en cuanto a los ejercicios, si bien aquí no se pueden dar reglas fijas, pues he tenido en clase niños de siete y ocho años que podían seguir cualquier ejercicio, entendiéndolo, y niños mayores que no comprendían con tanta facilidad. En cualquier caso, un buen método para que el niño comience a familiarizarse con el dominio de la atención es empezar enseñándole a sentir su cuerpo más conscientemente, lo que para el adolescente será un descubrimiento fantástico, pues irá encontrando en el cuerpo un aliado para poder estar atento, centrado y sosegado a lo largo de su vida. Con toda razón, el cuerpo y la respiración tienen un papel determinante en muchos ejercicios de meditación y cultivo de la atención.

La atención es la hermana gemela de la mente y la que permite que percibamos hacia fuera y hacia dentro, como una flecha con dos puntas. Cuando se dirige la atención hacia uno mismo, podemos observar nuestros pensamientos, palabras, obras, reacciones y actitudes, o sea que la atención nos facilita la vigilancia de nosotros mismos, siempre útil para conocernos. Mediante esa preciosa función de la mente que es la atención, captamos lo que nos traen los órganos sensoriales cuando entran en contacto con un objeto, sea este olfativo, visual o de cualquier tipo. Pero la atención la tenemos todos muy debilitada. El niño, aun teniendo una mente muy volátil, cuando algo le interesa permanece muy atento, aunque sea una atención poco sostenida y que enseguida fluctúa. Cuando algo nos apasiona o cautiva, la atención se aviva por sí sola, y en tales casos incluso lo difícil sería no estar atentos; pero cuando algo no tiene tanto interés, la atención se ausenta o queda un residuo muy vago y débil. A la atención que surge por sí misma la denominamos atención mecánica o involuntaria; a la que uno deliberadamente provoca, la denominamos atención vigilante o consciente, pues se debe a un acto de consciencia o volición. Lo importante para cualquier persona, y por supuesto para niños y adolescentes, es ir aprendiendo a manejar y desarrollar también la atención consciente, que se despliega sobre algo, aunque no nos resulte muy interesante o llamativo. Requiere un esfuerzo, pero ese esfuerzo va fortaleciendo en grado sumo la atención y acrecentando la consciencia. Esa atención desarrollada a través del entrenamiento es siempre de gran ayuda, y por eso Buda declaró: «La atención es poderosa en todo momento y circunstancia». Otros sabios desde muy antaño se percataron de la importancia de la atención. Santideva decía: «Si la atención monta la guardia a las puertas de la mente, la clara comprensión se unirá a ella y una vez que llegue nunca se irá». También explicaba: «Para vencer los obstáculos, me entregaré a la concentración, sacando la mente de todos los senderos equivocados y encauzándola constantemente hacia su objetivo». Por su parte, Asvaghosa declaraba: «Aquel que carece de la atención es verdaderamente un blanco para las pasiones; al igual que el guerrero en la batalla, sin cota de malla está expuesto a las flechas de sus enemigos. Al corazón no protegido por la atención debe considerarse completamente indefenso. Se asemeja a un ciego caminando sin guía por un terreno escabroso». Y todavía una cita más tomada de ese precioso texto que es el *Dhammapada*: «Atento entre los inatentos, plenamente despierto entre los dormidos, el sabio avanza como un corcel de carreras se adelanta sobre un jamelgo decrépito».

El metódico cultivo de la atención conduce a la lucidez o comprensión, también llamada Sabiduría, que es poder ver las cosas como son sin tantos juicios, prejuicios y condicionamientos. Al niño, que luego será joven, le será también muy útil a lo largo de su vida tener una visión más clara y ecuánime de las cosas, saber priorizar y dar importancia a lo que reamente la tiene y restársela a lo que no lo tiene. Por eso se ha dicho que la atención es el asilo de la mente, en el sentido de que la mente se remansa y equilibra, sanea y reconforta con la atención. Nunca debemos, pues, infravalorarla. La atención en sí misma ya nos ayuda a conectar con lo que es y estabiliza y fortalece la mente, pero además desencadena esa visión clara que tan útil resulta para la vida de cada día. Más adelante volveremos sobre la comprensión clara o lucidez, o sea sobre esa sabiduría que nace cuando la mente se armoniza y libera de condicionamientos.

La atención también puede ser pura o impura. Se le llama la atención pura a aquella que se limita a captar el objeto de la atención tal y como es, libre de juicios y prejuicios. La atención impura es la que está mezclada con todo tipo de apegos o aversiones, conceptos e ideas, interpretaciones de cualquier orden.

Muchos ejercicios de meditación utilizan la atención consciente y pura, que se ejerce percibiendo la respiración o las sensaciones corporales o los contenidos de la mente. Para el niño va a ser muy útil, a corto y largo plazo, entrenarse en el cultivo de la atención consciente y pura, pues va a desarrollar otras funciones de la mente y no se va a quedar solamente en lo conceptual. Puesto que la enseñanza se basa mucho en la acumulación de datos, el adiestramiento en la atención consciente y pura le va a abrir otros horizontes muy fértiles.

También se debe distinguir entre la que se ha venido llamando, desde hace miles de años, atención debida y atención indebida. Si uno está conduciendo y centra su atención en el pajarito que hay sobre una rama, hablamos de atención indebida, puesto que en esa situación hay que estar atento a conducir. Si estás atento a conducir, cuando conduces, esa es la atención debida. Pero también se llama atención indebida a aquella que se fija o recrea con pensamientos y emociones de carácter nocivo, como codicia, odio, celos, envidia y otros. Poner ahí la atención es indebido, pero ponerla en emociones y pensamientos constructivos y positivos es trabajar con la atención donde debe establecerse.

El niño debe ir aprendiendo a pensar y dejar de pensar, a utilizar la atención debida y evitar la indebida; o sea, a saber incidir en lo que merece la pena y no en lo que perjudica a uno o a los demás. En este sentido, la atención tiene un carácter también de alcance ético, en el sentido de que uno puede embellecer su mente si se pone en lo cooperante y constructivo.

Al niño se le tiene que enseñar tanto a desarrollar la atención mediante la específica práctica de la meditación, como a luego estar un poco más atento en la vida diaria, sea cuando estudia, escucha, se relaciona con sus amigos, hace ejercicio físico y en cualquier actividad. Estando atento, aprende uno a estar más atento. La atención es atención. Si el adolescente aprende a estar más atento, incluso pequeñas tareas domésticas le ayudarán a intensificar su atención y las llevará a cabo con mejor actitud, incluso siendo más ordenado, preciso, paciente y bien dispuesto.

Unos minutos de meditación al día, que jamás el niño debe sentir como impositivos ni como un penoso deber, le ayudarán a acrecentar la atención y poder luego llevarla a la vida diaria. Si el niño es de corta edad, hay que buscar los ejercicios oportunos al respecto, dárselos a modo de juego y con el lenguaje adaptado a sus años de vida. Es el padre el que debe adaptarse a la edad y personalidad del niño, pues el autor en este sentido solo puede brindar generalizaciones. En sí mismo, cada niño es un mundo, y los padres, sabiendo de su carácter, irán acoplando el lenguaje al niño y también las diferentes técnicas, haciéndole comprender que no son fáciles, pero poniendo ante él este reto como algo estimulante y divertido. Incluso se puede recurrir a ejemplos sencillos e interesantes para hacerle comprender cómo de traviesa y desobediente es la mente, pero que se puede ir poco a poco domando como si fuera un brioso corcel y que el niño puede convertirse en el hábil jinete que cabalga sobre su mente. Hay niños que son muy activos y otros más contemplativos, unos son más extravertidos y otros más introvertidos, y de acuerdo con ello los padres o profesores tienen que manejar el lenguaje, e incluso las técnicas, con respecto al niño en concreto.

Niños de corta edad pueden no admitir técnicas que luego puedan asumir con relativa facilidad unos años después. La colaboración de los padres es necesaria en cuanto a mentalizar y dirigir a sus hijos en la meditación, aunque también se puede buscar a un instructor con experiencia en el trabajo de niños. Incluso los niños pequeños pueden adaptarse perfectamente a ejercicios de relajación o básicos de respiración que les serán muy útiles como preparación para los ejercicios de meditación. Por eso en esta obra incluimos capítulos sobre posturas de yoga, respiración y relajación, que cuando se hacen con atención representan una benéfica y muy útil meditación a través del cuerpo.

Aunque lo esencial es la práctica, los padres o instructores deben hacerle comprender al niño, con el lenguaje adecuado, la necesidad de estar más atento y de hacer ejercicios para limpiar, desarrollar y cuidar la mente.

El adulto cree muchas veces que el niño es feliz cuando es profundamente infeliz o que está satisfecho cuando es víctima de una honda insatisfacción. Aquí de nuevo la psicología de unos niños es muy diferente de la de otros, pero es un hecho cierto que la vida de un niño no es de rosas, ni siquiera en familias acomodadas; los niños tienen que ir a la escuela, obedecer a sus padres y profesores, rivalizar con otros escolares, ser a veces víctima de las burlas de los demás, sentir frustración por no poder hacer lo que desea y experimentar amargamente muchas limitaciones. Pero se le puede enseñar al niño a estar mejor consigo mismo y con los demás, a superar al menos parte de su infelicidad infantil, hacerle comprender que es necesario cultivar las funciones de su mente y hacer de ellas unas aliadas. Cada momento cuenta y tiene su peso específico, y es bueno que el niño lo vaya incorporando a sí mismo. Es bueno recurrir a símiles como los de un gato, que sabe estar atento a todo y a la vez sereno.

Si el niño aprende a estar más atento y, por tanto, mejora su capacidad de percepción e incluso de autopercepción, mejorará también su relación consigo mismo y con los demás, será más consciente al hablar, al callar, apreciará mejor los instantes, estará menos abatido por el tedio vital y podrá desarrollar un tipo de comprensión más clara, mejorando su comunicación con sus padres y con las otras personas.

No se trata de resultar ni mucho menos coactivo con el niño, todo lo contrario. Pero mucho hubiéramos ganado todos si desde la primera infancia nos hubieran ido mostrando las ventajas en el desarrollo de la consciencia y los beneficios propios y ajenos que de la misma se desprenden. Hacernos conscientes debería ser una de nuestras grandes prioridades y propósitos, máximo si entendemos que la consciencia es esa preciosa función de la mente que nos permite captar, percibir y percibirnos; que es intensidad, vitalidad, lucidez y comprensión profunda.

Al niño que se le quiera iniciar en la senda fecunda de la meditación, es bueno comenzar por hacerle entender que, igual que hay una gimnasia para el cuerpo, hay otra más importante si cabe para la mente. La meditación es también una gimnasia cerebral. La consciencia es energía, y cuando estamos más conscientes, estamos más vivos, más alertas, más plenos. Hay un adagio que repito como recordatorio a mis alumnos de cualquier edad: «Vale más un solo día de vida consciente que un millón de días inconsciente». En la niñez es más facil, al estar menos instalada y cristalizada la psicología, ir aprendiendo a ser menos mecánico y más atento, pudiendo desmontar así reacciones maquinales que nos van a robar la libertad interior a lo largo de nuestras vidas.

La ejecución de las posturas del yoga, los ejercicios de respiración consciente, la relajación consciente y la práctica de las técnicas de meditación son herramientas preciosas para incrementar la atención y luego poder trasladarla a la vida cotidiana. O sea, los frutos de la meditación se llevarán a la vida de cada día. Y así la vida de cada día se vuelve no solo un reto o desafío sino una gran maestra.

El niño va aprendiendo a disfrutar y sentirse bien con el *hatha-yoga* o yoga físico y con las técnicas de concentración y meditación. Pero el yoga irá calando en él, y cuando se haga adulto, podrá aprovechar las instrucciones y métodos del yoga para convertirlo en un arte de vivir, pues en última instancia el yoga es también una actitud de vida. Acuden a mis clases infinidad de adultos que practican yoga porque de niños vieron que sus padres lo practicaban, o había en sus bibliotecas libros de yoga o disciplinas afines, o porque sus padres mismos les enseñaron algunas *asanas* (posturas de yoga) o ejercicios respiratorios o de relajación. Así, luego se impregnaron con el sentimiento, la certeza de que en sus vidas podían contar con una herramienta fiable para ayudarse a sí mismos. En nuestro centro de yoga tenemos clases en las que van la abuela, los padres y los hijos, o sea tres generaciones juntas.

No me resisto a contar por qué surgió en mí desde muy niño el interés por la búsqueda espiritual y la filosofía oriental, porque seguro que muchos niños coinciden conmigo en muchos sentidos al respecto. Cuando tenía corta edad, mi madre comenzó a brindarme libros que despertaban mis inquietudes espirituales, tales como *Siddharta* de Hermann Hesse o *Los ojos del hermano eterno* de Stephan Zweig o *El despertar del Buda* de Blasco Ibáñez, así como libros sobre la India u otros países orientales. Después mi amigo de adolescencia Rafael Masciarelli me habló por primera vez de esta milenaria disciplina. Poco después llegó a Madrid un profesor indio de *hatha-yoga*. Mi madre comenzó a practicar con él enseguida y me lo recomendó a mí, y me inscribió a las clases. O sea que gracias a mi madre comencé en esta fantástica aventura que es el yoga, como tantos otros niños lo harán si constatan interés al respecto en sus padres.

No puedo dejar de apuntar que de acuerdo a mi experiencia, muchos niños o jóvenes y sus padres han mejorado y estrechado mucho su relación gracias a que unos y otros practican la meditación. Así, cada día es mayor el número de padres que tienen la certidumbre de lo beneficiosa que será para sus hijos la meditación a lo largo de sus vidas. En otros de mis libros comento que el mejor consejo que me dieron nunca fue «Medita», y ese es el mejor consejo, permítaseme decirlo así, que llevo dando a los demás desde hace muchos años.

3. Meditación: senda de calma y alegría

Se llamaba Lorenzo, era un niño de diez años. Su padre le apuntó a mis clases de yoga físico y de meditación. Como era una clase de adultos, pensé que igual no podía encajar y que al poco tiempo se aburriría y dejaría la práctica. Lo que me sorprendió fue que cada día parecía más interesado por la clase de meditación y se le veía más atento. No sé hasta qué punto podría adentrarse en la profundidad de las charlas, pues mis clases constan de una sesión de meditación, una charla sobre los temas más variados y un ciclo de preguntas y respuestas. Como su gran interés me resultaba llamativo, un día, al acabar la clase, me acerqué a él y le pregunté:

–¿Te gustan las clases? ¿Meditas a gusto?

–Me gustan mucho. Sí, medito muy a gusto.

–¿Por qué te gusta tanto la meditación? –inquirí.

Esbozó una hermosa media sonrisa y dijo:

–Siento calma y también alegría. Salgo contento de las clases.

Y eso que era un niño que su padre lo trajo a las clases por ser muy inquieto e insatisfecho.

Cuando el niño va conectando con la que podría denominar «longitud de onda meditacional» y comienza a sentirse a gusto consigo mismo, se abre una amplia y reconfortante vereda para él. Encuentra una especie de aliado, que podría serlo para toda su vida. César Vega y Manuel Muñoz, por citar solo a dos de mis alumnos más persistentes en la práctica y la asistencia a clase, no comenzaron a practicar cuando eran niños, pero sí cuando eran jóvenes, a los veintitantos años, y siguen haciéndolo, y asistiendo a las clases de meditación, más de treinta cinco años después. La meditación se ha tornado un aliado, la han incorporado a sus vidas como si fuese una actividad más, tan imprescindible como comer, dormir o asearse.

La meditación no es solo lo mucho que pueda hacer por el adolescente, sino hasta qué grado va a hacerlo a lo largo de toda su vida. Mediante las enseñanzas que nos procuran la meditación y el yoga, vamos a ir estimulando nuestro sentido sano del perfeccionamiento, sin irracionales expectativas que luego conducen a la amarga frustración. El adolescente encuentra un terreno seguro en el que afincarse y un sentido para su vida muchas veces difícil, insatisfactoria, y donde siente que los adultos no le comprenden o no pueden responder a sus interrogantes, ni satisfacer sus inquietudes. Es un mito aquello de que la infancia de la mayoría de los niños ha sido feliz. Muchos adultos a los que he preguntado la recuerdan con desagrado, algunos incluso con horror. Años aquellos de incertidumbre, desorientación, presiones por parte de los padres y profesores, malas relaciones con niños aviesos, exigencias desmesuradas, desorientación vital, exacerbado sentimiento de soledad y a veces una tristeza incorregible.

La práctica de la meditación irá afirmando el carácter del niño en el sentido más saludable de la palabra. No va a ir construyendo una personalidad intransigente, rígida, pagada de sí misma o adusta, sino, bien al contrario, una forma de ser más flexible, menos desmesuradamente reactiva, más fluida y abierta, en mejor sintonía con las otras personas, pues si uno está mejor consigo mismo es indiscutible que estará mejor con los demás. La meditación no se queda tan solo en la superficie de la mente, sino que cala hasta lo más profundo de la misma y ayuda al adolescente a conocer y corregir tendencias insanas o pensamientos y emociones de carácter tóxico. El niño se va volviendo soberano de sí mismo y adquiere una mente más independiente y no tan sometida a las ideas de los demás. Aprende a ser él mismo, lo que la mayoría de las personas nunca han aprendido a lo largo de su vida, y es causa de innumerables trastornos psíquicos o incluso psicosomáticos.

Hay que hacer llegar al niño, sin la menor intención

coactiva, que la meditación es un ejercicio mental que le ayudará a sentirse mejor. El niño nunca debe tomar la meditación como un penoso deber ni sentirla como una imposición de sus mayores. Es bueno que vaya practicándola con cierta asiduidad para facilitar el proceso, pero que no sienta que es recriminado ni nada parecido si un día deja de practicarla. Le ayudará mucho practicar la meditación con otros miembros de la familia, sean abuelos, padres o hermanos.

La meditación va ayudando al adolescente a conocerse de una forma directa y no conceptual. De nada sirve que se le hable mucho de la dinámica de la respiración; lo importante es que sienta su respiración, que vaya aprendiendo a sentir el cuerpo y sus sensaciones, a ver sus pensamientos y captar sus estados de ánimo. La meditación es experiencia. Tiene que enseñarse al niño que la mente es como una jaula de grillos y que los pensamientos pueden, poco a poco, irse controlando y estabilizando la mente. La meditación también le enseña a saber aceptarse y le enfrenta con su cuerpo y su mente para conocerlos y utilizarlos mejor, pues son instrumentos vitales para hacer el viaje existencial.

El niño, al ir paulatina y progresivamente entrenando la atención a través de los ejercicios meditativos, aprenderá la vía de estar más atento en lo que hace y vive. Se le puede invitar a que el zumo que ingiere lo deguste con más atención o que pele la fruta con más atención y sin premura innecesaria, o que haga su cama estando más concentrado, o se asée con más atención.

La atención es como un músculo que se puede desarrollar. Hágase comprender al niño este término. Coopera, pues, en que todo adquiera mayor viveza, intensidad y plenitud. La atención también está muy conectada con la memoria y, por tanto, si uno está más atento, recordará mejor.

Aparte de los ejercicios que procuramos en este libro y que el profesor tiene que ir seleccionando para el niño de acuerdo con su edad y carácter, y explicándolos con el lenguaje oportuno, se pueden convertir en ejercicio muchos aspectos de la vida diaria, desde atarse con más atención los cordones de los zapatos hasta ducharse estando más concentrado o degustar la tostada con mantequilla con mayor capacidad perceptiva. Se le pueden ir facilitando al adolescente instrucciones en este sentido, pero sin presionarle ni atiborrarle.

Los juegos vividos con atención tienen más intensidad lúdica. Sean juegos deportivos, de mesa o cualesquiera otros. Aquí sí que encaja el comentario zen: «Cuando uno está más atento, el color es más color y el sonido es más sonido». La naturaleza es también una magnífica escuela de meditación: estar más atento al trino de los pájaros, la brisa del aire, el aroma de la flor, el murmullo del arroyo… Esto me trae a la mente una sugerente historia zen.

El discípulo le pregunta al maestro:

–¿Me puedes instruir en la verdad?

El mentor le pregunta:

–¿Escuchas el trino de los pájaros? ¿Oyes el cacareo del gallo? ¿Sientes los rayos del sol?

–Sí –responde el discípulo, y entonces el maestro asevera:

–En tal caso no tengo verdad alguna que enseñarte.

Este libro no está escrito solo para los niños, sino de manera muy especial para los padres, familiares mayores de los adolescentes, docentes y profesores de meditación. Ellos son los que, sirviéndose del material que voy exponiendo, tienen que irlo adaptando al niño de acuerdo con su edad. Lo he dicho en la introducción, pero es necesario volver a hacer este recordatorio. Al fin y al cabo es el adulto relacionado con el adolescente el que tiene que llevar a cabo esta labor y convertirse un poco en el profesor de meditación del niño. Ni siquiera se puede generalizar en cuanto a cómo hay que utilizar las instrucciones y el lenguaje, toda vez que un niño de seis años puede tener mayor predisposición y grado de entendimiento que otro de diez. Pero hay que evitar incurrir en el error de tratar de explicarle las cosas al niño como si fuera tonto. Pondré un ejemplo. A un niño de muy corta edad, cuando se le conduce en una sesión de relajación, se le puede decir: «Tu cuerpito se pone blando, blando como un muñeco de trapo», pero este mismo lenguaje para un adolescente resultará ridículo. Me he negado por eso a facilitar lo que podríamos llamar «plantillas» para el lenguaje adecuado al niño de acuerdo con su naturaleza mental y carácter, y no solo con su edad, y he dejado esa labor para aquellos que tratan con el niño y deben saber cómo manejar la situación. He ojeado algunos libros de meditación para niños cuyo lenguaje me ha parecido ñoño; parecía que se trataba a los niños como si no tuvieran entendimiento. Quiero decirle al lector, sin ambages, que no dejemos que el autor haga solo el trabajo, sino que también los educadores tienen que asumir el suyo al ir encontrando el modo de estimular al niño para que asuma la meditación, la entienda en la medida de su edad y, sobre todo, vaya ejecutándola para incorporarla a su vida. Luego, con los años, se sentirá muy agradecido por haber tenido esta oportunidad. ¡Cuán agradecido estoy yo por haber recibido enseñanzas en este sentido de mi madre y por haber encontrado en la biblioteca de mi padre libros sobre superación personal y autoconocimiento que alentaron mis mejores inquietudes de autodesarrollo!

Al adolescente hay que explicarle de manera sencilla y directa para qué es la meditación, en qué le va a ayudar y cómo le va a hacer sentir. Cuando el mismo adolescente comience a ver que se siente mejor, adoptará de buen grado una práctica que al principio también es como un reto o desafío en cuanto que tiene que afrontar las veleidades de sus pensamientos. Se le puede explicar al adolescente que una cosa son los pensamientos que vienen por sí mismo, como pájaros que se cuelan en la mente, y otra cosa es aprender a dirigir el pensamiento y aprender a silenciar un poco esta mente tan ruidosa.

Creo que para todos los niños, será de utilidad, como complemento de la meditación, pero también como acceso a la misma, empezar por aprender y practicar algunas posturas de yoga, diversos ejercicios respiratorios, la meditación deambulante y técnicas que podríamos denominar de meditación en movimiento.

4. Preliminares, obstáculos y aliados

La meditación es una técnica, un método que se pierde en la noche de los tiempos y que fue concebida y ensayada hace milenios y, por tanto, es toda ella experiencial y ha sido verificada hasta lo infinito. Incumbe tanto al cuerpo como a la mente, y tiene también una acción incluso sobre las energías y, por supuesto, las emociones. Requiere, por tanto, cierta disciplina, que en los niños no tiene que ser impuesta ni seguida rígidamente, porque el niño mismo irá haciéndose con ella en la medida en que practique y sienta sus efectos. Los niños muy activos encontrarán al principio mayor resistencia, pero luego podrán, cuando logren conectar con la meditación, sentirse más a gusto. Como en toda disciplina, la clave del éxito está en la práctica asidua. De ahí que es bueno que los adolescentes vean que sus padres practican con asiduidad y que no se limitan a aconsejarles y ellos no hacen nada.

En toda disciplina, sea deportiva, artística o de cualquier otro orden, se requiere perseverancia, y la disciplina misma facilita la disciplina, pues si se lleva a cabo de tarde en tarde, es siempre como comenzar de nuevo y se añaden dificultades. En la medida en que se practica, se van superando obstáculos y van presentándose los aliados.

Preliminares

Ofrecemos unos preliminares para la denominada meditación sentada. Aunque al principio cueste un poco respetarlos, son de gran ayuda. Reseñamos:

- Elegir, en la medida de lo posible, una habitación tranquila y agradablemente iluminada.
- Evitar ser molestado durante la meditación. Se puede meditar solo o en compañía. Es mejor que los niños pequeños mediten con su madre o su padre, o bien con ambos o algún hermano mayor.
- Utilizar prendas cómodas.
- Sentarse en el suelo sobre un cojín o hacerlo en una silla.
- Mantener la cabeza y el tronco erguidos, para evitar la somnolencia y favorecer que la sangre y la energía circulen más libremente al cerebro y se pueda estar más vivaz.
- Moverse lo menos posible, pero si es inevitable, hacerlo con lentitud y atención.

• Fijar un tiempo de duración para la sesión, que puede ser de diez o quince minutos en adelante. Los niños pequeños pueden comenzar con diez minutos. Ya luego se podrá ir aumentando el tiempo de la sesión en unos minutos.

• Seleccionar uno o dos ejercicios y practicar cada uno de ellos durante unos minutos. Si la sesión es de veinte o treinta minutos, se pueden elegir tres ejercicios.

• Los profesores o padres pueden preparar el programa de ejercicios para el adolescente e ir cambiándolo según proceda. Las combinaciones son muy numerosas.

• La experiencia demuestra que es muy efectivo empezar la sesión por un ejercicio del grupo de «atención a la respiración», pues ya comienza por centrar, concentrar y tranquilizar al practicante. No quiere ello decir que siempre necesariamente tenga que ser así.

Obstáculos

Toda persona, sobre todo durante las primeras sesiones, encuentra obstáculos que debe superar durante la sesión de relajación y con más razón el adolescente, pues le cuesta mucho más lo que se denomina la «detención consciente», es decir, parar el cuerpo y tratar de estabilizar la mente. La única forma de superar estos escollos es meditando y así, poco a poco, se van superando, y aquellos que persistan se enfocan de otro modo, con una actitud de ecuanimidad y sin reaccionar negativamente, que es una manera de fortalecer los obstáculos. Algunos de los cuales ya se dan antes de sentarse a meditar, como es el de la pereza, pero que hay que combatirlos con motivación y diligencia. Buda dijo: «Nada hay tan poderoso como el esfuerzo para vencer la pereza y la apatía». La desgana nos lleva a postergar la meditación a unas horas después y, al final, al día siguiente. Es lo que podríamos denominar «la resistencia a la meditación», o sea a desconectar unos minutos de nuestra vida cotidiana y de las actividades mentales, para tratar de detenerse y estabilizar la mente. La única manera de superar este obstáculo es la motivación, la firme resolución o propósito, fijar una hora para practicar la sesión de meditación y, en la medida de lo posible, respetarla. A los practicantes principiantes les resulta más sencillo meditar acompañado que en soledad, y por eso es bueno que el niño medite con sus familiares o con otros niños.

Cuando uno ya está sentado en meditación, aparecen diversos obstáculos, como:

- Desidia y no esforzarse lo suficiente para seguir el ejercicio.
- Dejarse llevar durante minutos por las ensoñaciones o distracciones.
- Molestias físicas, como tensiones, pequeños dolores o entumecimientos o, cuando menos, incomodidad.
- Torpor mental o somnolencia.
- Desasosiego.
- Abatimiento.
- Ganas de que pase el tiempo y acabe la meditación.
- Desánimo al comprobar lo difícil que es dominar el pensamiento.

Estos obstáculos, empero, con un poco de paciencia y firmeza se van superando, y además nos ayudan a fortalecer la musculatura psíquica.

Ante estos obstáculos o impedimentos, lo mejor es aplicar una actitud de aceptación de los mismos y no exasperarse. Todo entrenamiento tiene sus dificultades y el de la atención no es ni mucho menos una excepción. Hay que explicarle al niño la naturaleza fluctuante de la mente y pedirle que tenga paciencia, e insistirle en que el ejercicio resulta beneficioso, aunque uno se distraiga mucho, confortándole diciéndole que todas las personas, niñas o adultas, se distraen en demasía y que por eso mismo hay que practicar la meditación. También, como en cualquier otra disciplina o adiestramiento, hay altibajos en la práctica de la meditación, y una sesión depende de si estamos más cansados o más vitales, de si estamos preocupados o no y de otros factores muy diversos. Informar de ello al niño, con un lenguaje adecuado a su edad, es una buena manera de evitar que se desanime. Es bueno hacerle entender que esa «contienda» con su mente le convertirá en el rey de la misma e irá consiguiendo que una mente distraída sea una mente concentrada y que una mente enemiga se convierta en una excelente amiga. El educador tiene que adaptarse al niño, y no solo el niño a la enseñanza o el método. Si los niños son pequeños, habrá que recurrir a algún cuento para que aprendan a estar atentos e incluso proponerles ejercicios fáciles de concentración, como que se concentren en algo que les resulte grato. Puede recurrirse a una imagen que les sea muy satis-factoria para concentrarse en ella, como un animal que les resulte simpático, incluso su mascota si la tienen, visualizar la cara de mamá o sentir su respiración como una ola que viene y parte. No es nada fácil impartir clases de yoga ni de meditación a los niños pequeños, y el profesor tiene que tener mucha paciencia, ingenio, habilidad para implicar a los chavales; sobre todo en niños de muy corta edad. Sin embargo, el niño, por la frescura de su mente y por no tener los juicios y prejuicios ya cristalizados, tendrá en muchos sentidos más permeabilidad para asumir las enseñanzas y ejecutar los métodos. Por esta razón el niño no debe ser enseñado de manera ñoña o como si careciera de inteligencia, pues muchas veces los adultos, cuando enseñan algo a un niño, lo tratan como si no tuviera apenas capacidad de entendimiento. En mi larga experiencia didáctica del yoga y la meditación, y aunque no he tenido grupos solo de niños, he podido comprobar lo perceptivo que es el niño a los ejercicios y enseñanzas, entre otras cosas porque no prejuzga.

Los niños que son muy activos o agitados tendrán dificultades extras que tienen que ir superando. El mayor problema será que puedan estar quietos; se puede comenzar con ellos con sesiones de cinco minutos y les vendrá muy bien como apoyo o complemento hacer posturas de yoga como las que hemos incluido en nuestro libro *Yoga para niños*, también dirigido a los padres y educadores para que ellos puedan servir de maestros de los niños. Si hay posibilidad, el niño debe ser aleccionado por un instructor especializado en niños y adolescentes. La mejor profesora que conozco en este sentido es sin duda Nuria Jiménez, no solo porque conoce bien la psicología infantil al ser madre de cuatro niñas, sino porque sabe cómo captar de maravilla la atención del infante, si es necesario recurriendo a atractivas historias.

Aliados

Cuando se va practicando la meditación con asiduidad comienzan a activarse los aliados internos, que son factores de autodesarrollo que se ponen en marcha cuando la consciencia va unificándose y evolucionando. Analizaremos sucintamente estos factores:

Energía:

La energía la entendemos como esfuerzo y vitalidad. El hecho mismo de meditar ya exige esfuerzo y poner energía en ello, pero esa energía es como una generosa inversión que nos procura más energía, y el esfuerzo nos va conduciendo al denominado esfuerzo sin esfuerzo o esfuerzo natural. La práctica de la meditación reeduca la voluntad, lo que es siempre de ayuda para el adolescente. Procura fuerza interior y ánimo más robusto.

Atención:

Tratando de estar atento, se va aprendiendo a estar atento. No hay meditación sin atención, y de hecho la meditación entrena metódicamente la atención y nos permite ser más conscientes. Todos los ejercicios ponen en marcha la atención, que se desvía una y otra vez, pero que hay que tratar de ir centrando. En la medida en que el adolescente aprende a estar más atento durante los ejercicios de meditación, no cabe duda de que aprende a estar más atento también en la vida diaria, en los estudios, en cualquier actividad.

Ecuanimidad:

La ecuanimidad es ánimo estable o mente equilibrada y firme. También ánimo más constante. Se ha llegado a decir, dada su importancia, que es la mejor ambrosía. Hará que el adolescente tenga un ánimo menos cambiante o caprichoso y que sea capaz de aceptar lo inevitable con mejor talante y sin generar conflictos, fricciones o disgustos innecesarios. Es también un antídoto contra la preocupación, la agitación y el desánimo. La práctica de la meditación forja una actitud de ecuanimidad, que no es en absoluto falta de interés o entusiasmo, ni indiferencia. La ecuanimidad ahorra energías y evita que uno se descentre o desquicie. La ecuanimidad que el adolescente vaya ganando con la práctica de la meditación le será de mucha utilidad a lo largo de su vida, y más en una sociedad competitiva y donde la ansiedad está a flor de piel.

Sosiego:

La meditación es una senda hacia la calma interior. La vivencia de sosiego es la más enriquecedora y deleitosa y no es por casualidad que la antigua instrucción yóguica rece: «No hay nada que pague un instante de paz». Pero los niños suelen estar en un alto umbral de agitación, que conlleva insatisfacción y descontento. El ignoto universo interior del niño, que a veces los padres se jactan de comprender tan bien, es tan caleidoscópico o poliédrico que conlleva mucha desorientacíon, incapacidad para manejarse con las contradicciones y, en suma, sufrimiento psíquico. La meditación proporciona temple, estabilidad interior, tranquilidad y bienestar. Incluso el cuerpo se ve favorecido por la actitud de serenidad que se va consiguiendo; así pues, se benefician muchas de sus funciones. A veces parece que solo el adulto está sometido al estrés, pero no; el niño vive con no poca frecuencia presionado, sea por los códigos familiares, los estudios o las relaciones con los mayores y con otros niños. Sabe, aunque sea inconscientemente, que tiene que estar a la altura de lo que se le exige o será reprochado o menospreciado. Asi se ponen en marcha muchos sentimientos de inferioridad y temores, y desde luego el miedo a no estar a la altura del yo idealizado que los demás quieren construir en él. Se suele saber mucho menos de lo que se cree de la psicología del niño. Así no es que el adolescente tenga la sensación de que es incomprendido, sino que realemente lo es a menudo.

En el sosiego que procura la meditación cuando se insiste en ella, encontrará una fuente de paz inspiradora que le dejará un sabor inconfundible que podrá degustar a lo largo de su vida si sigue practicando. Entonces la meditación se convierte en una herramienta para labrar ese sosiego que tanto nos falta en una sociedad salvajemente competitiva e injusta.

Contento interior:

Hay dos tipos de contento: el que es producido por circunstancias e influencias del exterior y el que es mucho más íntimo y surge dentro de uno mismo cuando se armoniza y se encuentra a gusto. La primera categoría de contento es reactiva, pero la segunda encuentra su fuente en uno mismo y es mucho más estable y enriquecedora. La meditación reporta este tipo de contento no condicionado por el exterior y que incluso puede mantenerse aun cuando las circunstancias no resulten tan favorables. Este contento, pues, no está sometido a las vicisitudes internas y le hace a uno sentirse más satisfecho y pleno. La meditación, al ayudarnos a sentirnos más completos con nosotros mismos y gozar de una mente más independiente, nos brinda este tipo de contento tan especial y que se vive como auténtica armonía.

Lucidez:

En la mente de las personas, y por supuesto a veces más en la de los niños, hay ofuscación, entendiendo esta como confusión, desorientación, ambivalencias, falta de resolución, torpor. El antídoto de la ofuscación es la visión clara o lucidez, que nos ayuda a pensar mejor y a tomar resoluciones más oportunas. De la ofuscación solo nace ofuscación, y esta nos lleva a actos inadecuados. Es desorden mental, y al niño le hace sufrir mucho, porque le hace sentirse como en una nebulosa de la que no logra emerger y que le frustra muchas de sus decisiones o determinaciones. La meditación va limpiando, ordenando y esclareciendo la mente. En una ocasión le pregunté a un mentor de la India si podía decirme muy sucintamente qué daba la meditación, y dijo: «Calma, claridad». Mediante la calma se promueve la claridad, y la misma claridad o lucidez inducen a la calma. Cuando la mente está alborotada y sometida a toda clase de miedos, preocupaciones, tensiones, dudas, angustia y esquemas, no es fácil estar tranquilo y lúcido. Si no hay claridad y sosiego, no puede haber un verdadero sentimiento de plenitud. La serenidad y la lucidez nos hacen sentirnos más vivos, pletóricos, intensos y alegres. ¿Por qué la meditación desencadena claridad y lucidez? Por un lado, porque proporciona sosiego y ecuanimidad, además de energía, pero, por otro, porque ayuda a eliminar los oscurecimientos de la mente, a superar las memorias dolientes y la imaginación negativa, a ver las cosas como son, más libres de juicios, de prejuicios. La lucidez es el detonante de la sabiduría. A lo largo de mis numerosos viajes a la India y mis encuentros con tantos maestros, la pregunta que más he hecho (como aparece en mi obra *Conversaciones con yoguis*) ha sido: ¿qué es la Sabiduría?, que tiene realmente el poder de transformarnos y mejorarnos. Una buena respuesta ha sido: «Ver las cosas como son desde la pureza de la mente». Para ver las cosas como son, hay que eliminar muchos velos mentales que impiden una visión clara y no distorsionada. Como muchas técnicas de meditación no trabajan con los conceptos, ideas o discurso mental, permiten un desarrollo directo y penetrativo de la percepción, lo que para el niño, tan imbuido en lo conceptual debido a sus estudios, representa una saludable y definitiva desconexión durante unos minutos de la madeja de los pensamientos.

Paciencia:

Hay niños que son muy impacientes y eso les crea ansiedad, desesperación y sufrimiento cuando las cosas no son como quieren y en el momento que quieren. La impaciencia crea compulsión y la compulsión es sumamente desagradable y provoca conductas indeseadas. No se trata de reprimir al niño, sino de que él vaya apreciando, mediante su propia experiencia, la cualidad de la paciencia o, haciendo un juego de palabras, la ciencia de la paz. Nadie puede empujar el río, como reza la antigua instrucción. Hay que poner prestamente los medios, pero no angustiarse por los resultados. En este sentido al niño también le viene muy bien ser orientado un poco en el karma-yoga: hacer lo mejor que uno puede en todo momento y circunstancia, pero no obsesionarse con los resultados, que si tienen que venir, lo harán por añadidura. El niño también debe aprender a ser menos egoísta y más desinteresado y a amar la obra por la obra misma, y no solo por sus frutos. La paciencia es un aliado magnífico, pero nada fácil de cultivar en una sociedad neuróticamente apresurada y donde se esperan resultados muy rápidos y a veces con el menor esfuerzo. Hay que aprender a encarar la vida con paciencia, y el niño puede ir aprendiendo a no exasperarse ni disgustarse cuando las cosas no son como quiere y justo en el momento que quiere, pues el mundo no está especialmente organizado para complacerle. Los niños muy mimados se tornan muy impacientes y caprichosos y eso les hace sentirse desgraciados o vacíos cuando sus expectativas no son satisfechas. Por su propia naturaleza, la meditación entrena la paciencia, pues el hecho de estar meditando ya exige paciencia, dado que lo que uno querría es que enseguida pasaran los minutos fijados para la meditación.

La práctica de la meditación va liberando la mente de las memorias negativas, la imaginación dolorosa, la avaricia y el odio, el autoengaño y otros impedimentos de la mente que le impiden sentirse bien.

Si el niño se va encontrando más a gusto consigo mismo, también lo estará con los demás, sabiendo ser flexible y a la vez cuidar de sí mismo, poner límites cuando sea necesario y saber conciliar. El niño irá aprendiendo no solo a tener o poseer, sino a ser y sentirse con peso específico siendo él mismo, lo que aumentará su autovaloración.

5. La respiración: torrente de vitalidad

La meditación aplicada a los niños debe ayudarse de ejercicios psicosomáticos vividos con atención. Enseñarle al niño a vivir su corporeidad con atención es una elevada forma también de meditación. Cada vez que el adolescente, estando concentrado, tome consciencia de su cuerpo, podrá situarse en el momento presente, cooordinar mente y cuerpo e ir aprendiendo que la atención al cuerpo le ayudará siempre a recuperar su centro, prevenir tensiones, disolver disgustos y preocupaciones y mantenerse en su ser. Inexplicablemente, en Occidente jamás se le ha concedido al cuerpo ese valor para aquietar y unificar la mente. La gimnasia tradicional occidental ha estado basada solo en lo somático, ha sido impuesta, se le ha dado un carácter competitivo y se ha derivado en un desmesurado culto al cuerpo. En las antiguas escuelas de sabiduría de Asia, por el contrario, el cuerpo se convertía en un medio para encauzar la mente y promover la evolución de la consciencia. No es el ejercicio por el ejercicio mismo, sino el ejercicio como instrumento para armonizar la unidad psicosomática y unificar la mente. El cuerpo, quieto o activo, se convierte así en un soporte de la atención.

Especial importancia adquiere la función respiratoria, que se puede utilizar en el trabajo de cultivo de la atención como procedimiento psicofísico o como soporte directo para desarrollar la atención. En esta obra nos servimos de su doble vertiente:

a) Ejercicios fisiológicos con plena atención.
b) Ejercicios de atención a la respiración.

En unos se incide voluntariamente sobre la respiración y en los otros se respira con toda naturalidad.

La respiración es una función que se repite de quince a veinte veces por minuto, o sea cientos de miles de veces a lo largo de una vida. Lo primero que hacemos al venir a este mundo es inhalar y lo último será espirar. La respiración es un vínculo entre el cuerpo y la mente, y está directamente conectada con el sistema nervioso. Es importante aprender a respirar y, más aún, aprender a hacerlo con atención plena, pues entonces se obtienen los beneficios de la respiración consciente y además los de unificar la mente y desarrollar la capacidad de concentración.

La respiración es la más importante, e insoslayable,

fuente de energía. Otras son: la alimentación, el sueño, el descanso, etc. Puede uno estar varios días sin dormir y más de un mes sin comer, pero nadie, por lo común, puede estar más de dos o tres minutos sin respirar.

Existe una estrecha interrelación entre la respiración y los estados mentales y emocionales. Una mala respiración es como una espina clavada en el sistema nervioso que lo agita. Una respiración más tranquila seda el sistema nervioso y calma la mente. No respiramos igual cuando estamos desasosegados o serenos, concentrados o dispersos, alegres o angustiados. El hecho de ralentizar y profundizar un poco la respiración ya nos apacigua. El niño debe ser orientado en este sentido. Una respiración calmada nos previene contra la irritabilidad y el nerviosismo, nos centra en el momento presente, nos relaja... No podemos imaginarnos la gran aliada que llevamos con nosotros, que es la respiración. El niño debe aprender a utilizarla y a darle todo su inmenso valor. Por un lado, tiene que aprender a respirar y utilizar los ejercicios respiratorios como medio también de unificación mental; por otro lado, debe aprender a meditar mediante ejercicios de atención a la respiración. En este aspecto, todos, niños y adultos, contamos con una fiel amiga en la respiración. En cualquier momento del día podemos tomarnos un respiro tratando de respirar unas cuantas veces con atención y mayor profundidad. Es una práctica muy saludable y desestresante. El niño también puede servirse de la respiración cuando está nervioso ante un examen o cuando se fatiga en el estudio. Respirar no es solo vivir, sino también sentirse vivo, pleno, pletórico, consciente de la vida y conectado con la energía de vida. El aliento nos alienta. Si los pedagogos se dieran cuenta del valor de la respiración y su alcance, comenzarían las clases haciendo unos minutos de atención a la respiración y se implantaría esta saludable práctica en todos los colegios, pero la educación es generalmente un desastre, al basarse en la acumulación de datos.

La experiencia de la respiración es una experiencia única. Es la señal inequívoca de que «estoy vivo, existo y soy». Esa vivencia nos saca de nuestra mecanicidad, nos estimula, entona el ánimo, regula la mente y las conductas. En la respiración consciente puede encontrar uno mucho deleite, además de equilibrio. Se desarrolla la consciencia como si uno pudiera recuperar unos instantes el punto central de su circunferencia existencial.

Todos los ejercicios que a continuación detallamos son excepcionales para los niños, de fácil aprendizaje y les pueden servir de base para empezar a desarrollar la atención y frenar así durante unos minutos los pensamientos parásitos o intrusos.

Respiraciones abdominales o diafragmáticas

Tumbado, sentado o de pie, estando muy atento, se conduce el aire lentamente desde la nariz hacia el vientre y el estómago, para después expulsarlo en el mismo tiempo por la nariz. Si se hace bien esta respiración, al inhalar el estómago se dilata y vuelve a su posición inicial al exhalar.

Mediante este ejercicio, el niño ya comienza a tomar consciencia de su respiración y a familiarizarse con ella, y poco a poco se da cuenta de que puede controlar su respiración y hacerla consciente.

Se puede hacer el ejercicio una docena de veces o más. Puede ayudar al adolescente poner la mano en el estómago para sentir cómo sube y baja.

La respiración diagfragmática es muy tranquilizante y resulta excelente para acompañar a la relajación profunda.

Respiraciones medias o intercostales

Tumbado, sentado o de pie, se lleva el aire hacia la zona media del pecho y hacia los costados, para después exhalar en el mismo tiempo aproximadamente. Tanto la inhalación como la exhalación son por la nariz.

El niño, mediante la práctica, va aprendiendo a familiarizarse con las diferentes formas de respirar, y con su experiencia empieza a distinguir entre la respiración diafragmática y la torácica.

Se puede hacer el ejercicio una docena de veces o más, siempre evitando la fatiga.

Respiraciones altas o claviculares

Tumbado sobre la espalda, sentado o de pie, se conduce el aire hacia la zona más alta del pecho, hacia las clavículas, como si quisiera sacarse por los hombros, pero sin forzar. Inhalación y exhalacion deben durar el mismo tiempo aproximadamente y hacerse por la nariz. Si se realiza bien esta respiración, todo el tórax se dilata, mientras que el estómago se adentra.

Se puede ejecutar el ejercicio una docena de veces o más.

Con las respiraciones diafragmáticas, media y alta, el adolescente se va familiarizando con su sistema respiratorio. Irá encontrando alivio y plenitud a través de la respiración, que mejora su oxigenación, favorece el cerebro, estabiliza las emociones, confiere plenitud y bienestar, ayuda a combatir los pensamientos intrusos y desordenados.

Después de haberse ejercitado durante unos días en estos tres tipos de respiración, el niño puede emprender la respiración completa, que subsuma las tres ya explicadas. Es importante ir aprendiendo a tomar tanto aire como se pueda al inhalar y soltar todo lo que sea posible al exhalar, pero evitando cualquier esfuerzo. Así se renueva por completo el aire de los pulmones y se va ganando en volumen personal.

Respiraciones completas o integrales

Tumbado sobre la espalda, sentado o de pie, se inhala lentamente por la nariz y se lleva el aire en primer lugar hacia el vientre y el estómago; se continúa inspirando sin interrupción y se lleva el aire hacia los costados, para seguir inspirando sin interrupción y llevar el aire hacia las clavículas. O sea, el aire va invadiendo el estómago, el centro del tórax y la parte alta del mismo. Después se expulsa el aire en un tiempo aproximado al de la inhalación. Si se efectúa bien esta respiración, primero dilata el estómago y luego el tórax.

Se pueden hacer de diez ciclos en adelante, evitando el cansancio. Hay que tratar de estar bien atento a todo el proceso. Este ejercicio respiratorio favorece el alimento a las células y a los tejidos, amplifica la capacidad pulmonar, oxigena mejor el cerebro, favorece el control psicosomático, pacifica las emociones, tonifica los alveolos pulmonares y equilibra el sistema nervioso.

Respiraciones completas con retención

Tras efectuar la inhalación, se retiene el aire hasta donde se pueda, pero sin forzar nada, para después exhalarlo. La retención es solo a pulmón lleno. Es mejor ir reteniendo muy gradualmente, comenzando, por ejemplo, por retener dos segundos e ir aumentando dos segundos cada semana, hasta llegar a diez o doce, pero, insisto, sin realizar el menor esfuerzo.

La retención fortalece el corazón y los tejidos pulmonares, tranquiliza el sistema nervioso e interioriza la mente.

Respiraciones purificadoras

De pie, se inhala lenta y profundamente por la nariz hasta llenar todo el pecho, contrayendo las paredes abdominales. Después se exhala el aire lentamente por la boca. Para facilitar e intensificar la inhalación, se pueden rotar los hombros hacia detrás al ir inhalando.

Este ejercicio respiratorio es muy eficaz para aumentar la capacidad respiratoria, oxigenar el cerebro, tonificar el ánimo y trabajar sobre todo los músculos del tórax.

Respiraciones rítmicas

Tumbado en el suelo, sobre la espalda, se realiza una inhalación como en la respiración completa o integral. Se retiene el aire contando hasta cuatro. Se hace una exhalación y se retiene el aire a pulmón vacío contando hasta cuatro.

Se favorecen todas las funciones del cuerpo, se armoniza el sistema nervioso autónomo, se induce a la relajación profunda, se combate la ansiedad y se favorece la concentración.

Respiraciones cuadradas

Se denominan así porque las cuatro fases (inhalación, retencion a pulmón lleno, exhalación y retención a pulmón vacío) duran aproximadamente lo mismo. Se toma y exhala el aire por la nariz. El tiempo de cada fase lo marca la inhalación y para ello lo mejor es contar. Son respiraciones torácicas. Si se invierten, por ejemplo, cuatro segundos al inhalar, ese tiempo también será el empleado para la retención a pulmón lleno, la exhalación y la retención a pulmón vacío.

Se puede hacer el ejercicio acostado sobre la espalda o sentado.

Este ejercicio cultiva la atención mental, pacifica las emociones, apacigua el ánimo y equilibra el sistema nervioso.

Respiraciones con visualización de energía

Una vez que la persona ya domina el ejercicio y, si lo desea, puede hacer las respiraciones con mentalización o visualización de energetización, dado que la respiración es la primera fuente de energía.

Se le dirá al adolescente que el aire es fuerza vital y que visualice lo siguiente:

- Al inhalar, se llena de vigor y fuerza vital.
- Durante la retención, expande por todo el cuerpo esa energía o fuerza vital.
- Con la exhalación se libera de los sobrantes o residuos de energía.

También se puede efectuar el ejerccio visualizando como luz blanca la inhalación y como humo gris la exhalación, sintiendo cómo nos energetizamos al inhalar y cómo nos desprendemos del cansancio o abulia al exhalar. Todo ello debe ser explicado al niño con un lenguaje apropiado a su edad.

Respiración vigorizante

De pie, se separan ligeramente las piernas. A la vez, muy despacio, se va inhalando por la nariz y llevando el aire al tórax al tiempo que se elevan los brazos hasta que estén por encima de la cabeza. Se trata de tomar tanto aire como se pueda, pero sin forzar. A continuación se va expulsando el aire por la boca en tres o cuatro ráfagas.

Respiración sedente

Esta respiración libera de tensiones y descontrae.

De pie, se toma el aire por la nariz hasta llenar por completo los pulmones. A continuación se exhala por la boca en una ráfaga que produce el sonido «Aaah».

Respiración alternada

Es excelente para todas las personas, pero muy importante para los niños, que mediante este tipo de respiración no solo van a aumentar su capacidad de concentración y atención, sino que también equilibrarán el sistema nervioso y se tranquilizarán.

Se toma el aire por la fosa nasal izquierda, taponando

la derecha con el pulgar de la mano derecha, llevando el aire hacia el tórax, hasta llenarlo por completo.

Se exhala por la fosa nasal derecha, clausurando la fosa nasal izquierda con el dedo índice de la mano derecha.

Se toma aire por la fosa nasal derecha, cerrando la izquierda.

Se exhala por la fosa nasal izquierda, cerrando la derecha.

No hay equivocación posible si uno se asegura de que el aire siempre se exhala por la fosa opuesta a la que se inhaló y se inhala por la que se exhaló.

6. Vivir el cuerpo

¡Qué herramienta extraordinaria es el cuerpo para poder conectar con el momento presente y estimular la atención! Los yoguis fueron los primeros en valorizar mucho el cuerpo y servirse de él como medio de integración psíquica. Hay una larga historia de trabajo consciente sobre el cuerpo, donde este vehículo del Ser que es la corporeidad se torna una herramienta tan preciada que el adagio yóguico reza: «El cuerpo es el templo de Dios». Era el sabio Ramakrishna el que aseguraba que en el cuerpo hay muchas perlas y que igual que la buceadora se adentra mucho en el agua para conseguirlas, así la persona debe profundizar en su cuerpo para obtenerlas. El cuerpo es energía densa y energía sutil y un verdadero crisol de sensaciones. En Occidente, como ya he reseñado, se ha sometido el cuerpo a todo tipo de ejercitamientos gimnásticos, pero estresantes y mecánicos, sin implicar para nada la consciencia. En Oriente, el cuerpo se ha convertido en un soporte para el desarrollo de la atención, y el trabajo consciente sobre el cuerpo ha estado custodiado en distintas escuelas de sabiduría de Asia y se han perpetuado las enseñanzas. Cuando estuve visitando los templos de la isla fluvial (en el Brahmaputra) de Majuli, tuve ocasión de ver cómo los monjes entrenaban a los novicios en el trabajo consciente sobre el cuerpo, y algunos eran de muy corta edad. También en Asia se han mantenido a lo largo de siglos las danzas iniciáticas y los movimientos conscientes y sagrados. En Occidente, el cuerpo se ha considerado como una fuente de placer (abocándose al hedonismo) o una fuente de sufrimiento, pero en algunos países de Asia, y en especial en la India, había un tercer enfoque sobre el cuerpo: servirse de él como medio de autorrealización y conquista del equilibrio psicosomático y la armonía emocional.

El niño puede aprender a relacionarse con su cuerpo de una manera directa, desarrollando así una saludable percepción del mismo. En lugar de ser arrastrado hacia penosos ejercitamientos gimnásticos, puede disfrutar con el trabajo consciente sobre su cuerpo. Hay una serie de ejercicios de atención al cuerpo muy interesantes para el adolescente. Reseñamos algunos de ellos.

El saludo al sol

Es una técnica de yoga extraordinaria para que el niño aprenda a tomar consciencia de su cuerpo y los movimientos del mismo, sabiendo así tambien coordinar mejor el organismo y la mente. Esta técnica representa una serie de movimientos encadenados y que se ejecutan lenta y fluidamente, con atención, acoplados o no a la respiración. Los niños pequeños pueden comenzar por practicar el saludo al sol sin ajustar los movimientos a la respiración, y cuando los dominen ya podrán hacerlos con las respiraciones adecuadas. Estos movimientos lentos y fluidos resultan muy útiles para estirar y revitalizar todos los músculos y nervios del cuerpo, ejercer masajes sobre determinadas zonas y vísceras, tonificar articulaciones y tendones, mejorar el riego sanguíneo y estimular el organismo en general. Pero además de sus efectos fisiológicos, es también un medio para concentrar la mente y sentir la energía circulando por todo el cuerpo; se convierte en una herramienta para familiarizarse con el cuerpo y entrenar la atención.

Técnica:

• Ponte de pie, con las piernas juntas y estiradas, los brazos a lo largo del cuerpo y la cabeza ligeramente elevada, con la cara al frente. Inhala.

• Junta las manos, pon las palmas a la altura del pecho. Exhala. (a).

• Con lentitud, eleva los brazos por encima de la cabeza, manteniéndolos estirados y efectuando una profunda inspiración, dejando que el tronco caiga ligeramente hacia atrás (b).

- Lentamente, ve inclinando el tronco hacia delante hasta que la cabeza se aproxime o descanse en las rodillas y las palmas de las manos se apoyen en el suelo, a la vez que vas realizando una lenta exhalación (c).

c

- Conduce la pierna derecha hacia atrás, hasta que la rodilla descanse en el suelo. La pierna izquierda está flexionada, el muslo en contacto con el estómago y el pecho. Permanecen en el suelo la rodilla y las palmas de las manos. Los brazos quedan bien estirados. La cara permanece mirando hacia delante. Al ir adoptando esta posición, se inhala (d).

d

• Conduce la pierna izquierda hacia atrás, estirándola y juntándola con la derecha, a la vez que vas exhalando lentamente. Todo el cuerpo forma ahora una línea recta y los brazos permanecen estirados; las palmas de las manos firmemente apoyadas en el suelo (e).

e

• Ve flexionando los brazos con lentitud y permite que la barbilla, el pecho y las rodillas entren en contacto con el suelo, mientras que el resto del cuerpo queda en el aire. Inhala mientras vas adoptando esta posición (f).

f

• Deja caer lentamente el peso del cuerpo y fija los muslos, juntos, en el suelo, manteniendo los brazos estirados, el tronco arqueado, las palmas de las manos firmemente apoyadas en el suelo y la cabeza atrás, a la vez que vas exhalando (a).

g

• Apoyándote sobre las manos y los pies, eleva el cuerpo y traza con el mismo un pronunciado triángulo, dirigiendo la mirada a las rodillas y las palmas de las manos firmemente apoyadas en el suelo, a la vez que vas inhalando (h).

h

i

- Flexiona la pierna derecha hacia delante y apoya la rodilla de la pierna izquierda en el suelo. El cuerpo descansa sobre las palmas de las manos, la planta del pie derecho y la rodilla izquierda y los dedos del pie. Los brazos deben permanecer estirados. Exhala (i).

- Conduce la pierna izquierda al lado de la derecha, manteniendo las piernas bien estiradas y lleva la cara a las rodillas, tanto como te sea posible. Inhala (j).

j

- Eleva lentamente el tronco, inclínalo ligeramente hacia atrás con los brazos por encima de la cabeza, a la vez que vas exhalando (k1).

- Eleva el tronco y coloca las manos juntas, por las palmas, a la altura del pecho, inhalando (k2).

k1

k2

- Baja las manos y coloca los brazos junto al cuerpo, como en la primera posición, exhalando (l).

l

La mente debe permanecer atenta a todos los movimientos. Hay que proceder con lentitud, fluyendo con naturalidad. Se puede hacer el ejercicio media docena de veces o más. Poco a poco, el niño irá cogiendo el ritmo adecuado.

Consciencia al saltar

Sin moverse del sitio, el niño puede ejecutar un ciclo de saltos, un poco a su antojo, pero enseñándole a tomar consciencia de los movimientos de sus piernas, de los saltos, de la respiración e incluso de la sensación de fatiga. También puede, con atención, sintiendo sus piernas y su respiración, recorrer una estancia o pasillo a zancadas.

Este ejercicio de saltos también puede llevarlo a cabo con los brazos estirados por encima de la cabeza.

Tras hacer estos ejercicios de atención consciente a los movimientos, puede extenderse en el suelo y hacer una sesión de relajación realizando respiraciones diafragmáticas.

La danza libre

Se puede llevar a cabo este ejercicio de atención a la danza ya sea con música o sin ella. El niño deja que su cuerpo fluya y haga todo tipo de siluetas, pero tomando consciencia de los movimientos y de la respiración. Se deja llevar, pero a la vez está atento a las configuraciones de su cuerpo y ensimismado en sus propios movimientos. Pueden hacerse una sesión de movimientos más rápidos y otros más lentos, e incluso a continuación puede hacerse el ejercicio de la detención atenta.

El ejercicio de los ojos cerrados

Con los ojos cerrados o vendados, el niño va moviéndose muy lentamente por la habitación en tanto un adulto le va observando, para evitar que choque, si llega el caso. Debe caminar lentamente con las manos extendidas hacia delante. El niño es invitado a estar muy atento para ir percibiendo sus movimientos y los objetos con los que va topándose. Se puede hacer el ejercicio con varios niños, que, aunque de vez en cuando chocarán, podrán desarrollar a través del ejercicio un alto grado de concentración y perceptividad. Se puede intercalar el ejercicio de detención atenta.

La meditación ambulante o marcha consciente

Se trata de caminar lenta y conscientemente. El ejercicio consiste en elegir un pasillo, o veredilla, por el que poder caminar unos cuantos metros. El cuerpo tiene que estar erguido y los brazos sueltos a los lados. Hay tres fases para cada pie a las que hay que estar atento: levanto, deslizo y poso. Se puede elegir el sistema de no despegar la punta del pie del suelo y arrastrarla o despegarla, pero en cualquier caso los movimientos son muy lentos y hay que estar muy concentrado en ellos. Al llegar al final del pasillo o veredilla, uno se detiene y toma consciencia de su cuerpo detenido. Se va girando el cuerpo, sitiendo plenamente cada movimiento para girar, y luego se comienza de nuevo a caminar con suma lentitud y atención.

Se pueden dedicar diez o quince minutos al ejercicio.

El ejercicio de la detención

Es un ejercicio muy interesante para que el adolescente aprenda a tomar consciencia de su cuerpo y su respiración, y desarrolle el dominio psicosomático a través de la atención al cuerpo y la aplicación de la voluntad. El mentor, en un momento dado, le dice: «Detente». Entonces el niño se detiene en la posición que esté, como una estatua, estando muy atento a la postura y a la respiración. El mentor, después de dos o tres minutos, le libera de la detención. Es un ejercicio importante porque tiene una buena carga lúdica para los niños. El niño también va mejorando así su cooordinación y armonizando cuerpo y mente. La atención a la postura como tal, las sensaciones y la respiración desempeñan un importante papel.

El arquero

a

• De pie, se avanza la pierna izquierda al frente, en tanto que los dos brazos se extienden hacia delante, paralelos al suelo. Las manos permanecen cerradas en un puño. La otra pierna se mantiene también estirada y el tronco y la cabeza erguidos (a).

- Se flexiona la pierna izquierda a la par que el brazo derecho, en un movimiento lento y armónico, se va desplazando hacia atrás como si se estuviera tensando un arco. Después se repite la operación por el otro lado. Se puede hacer el ejercicio media docena de veces o más (b).

b

El danzante

- De pie, se separan las piernas y se colocan las palmas de las manos juntas por encima de la cabeza (a).

a

- Lenta y fluidamente se van flexionando las piernas, a la par que las manos se llevan a la altura del pecho, siempre juntas. Se hace el ejercicio una decena de veces. Hay que estar atento y bien coordinado con los movimientos corporales (b).

El tirador de pértiga

- De pie, se adelanta la pierna izquierda y se atrasa la derecha. Se flexiona la pierna izquierda. Se lleva el brazo izquierdo hacia delante y hacia arriba, como en la ilustración, y se flexiona el brazo derecho (a).

b

• Es como si en la mano derecha hubiera una jabalina. A continuación se ejecuta lentamente el movimiento de lanzarla de forma imaginaria, moviendo el brazo derecho hacia delante. Se puede hacer el movimiento, lento y consciente, una decena de veces (b).

Marcha en el mismo sitio

Lentamente se flexiona una pierna hasta que el muslo y la pantorilla formen aproximadamente un ángulo recto y luego hacemos lo mismo con la otra pierna. Se camina así en el mismo sitio de cinco a diez minutos, el tronco erguido, la respiración acompasada, la mente atenta.

Trepando por la cuerda

a

• Se adopta la posición correspondiente, como ilustramos (a), y se trata de imaginar que estamos ascendiendo por una cuerda, ejecutando para ello los movimientos lentos y conscientes de las manos, los brazos los hombros (b), durante una docena de veces.

b

El árbol

• De pie, se dobla la pierna
derecha y se coloca el pie
sobre el muslo izquierdo. Se
mantiene la postura un minuto y se ejecuta por el otro
lado. Es una postura magnífica para tomar conscien-
cia del cuerpo, estimular la
concentración y desarrollar
el sentido del equilibrio.

Caminar descomponiendo los movimientos

Se trata de caminar, lentamente, doblando mucho las
piernas, hasta que formen ángulo recto y tratando de
ir descomponiendo los movimientos, manteniendo unos
segundos cada uno de ellos.

7. Atención a la respiración

Todos los ejercicios de atención a la respiración son idóneos para los niños y adolescentes. Deben ejecutarse en posición de meditación o sentado en una silla, siempre con el tronco y la cabeza erguidos. No son en absoluto ejercicios de control respiratorio, por lo que hay que respirar con toda naturalidad; si se puede, mejor por la nariz. Se debe explicar al niño que una cosa son los ejercicios de control respiratorio y otra los que sirven para estabilizar y concentrar la mente, tranquilizarse y sentirse a gusto.

Hay un gran número de ejercicios de este tipo, pero proporcionamos algunos de los más importantes. Se puede seleccionar alguno de ellos y enseñárselo al niño, adecuando siempre el lenguaje a su edad. Se puede ir cambiando de ejercicios, pero insistiendo en aquellos con los que mejor se avengan al niño. Puede dedicarse a cada ejercicio cinco minutos si el niño es pequeño y diez si se trata ya de un adolescente.

La atención a la sensación táctil del aire

Se retira la mente de todo y se fija alrededor de las aletas de la nariz, a la entrada de los orificios nasales. Como el aire se mueve, provoca una sensación táctil en algún lado de la nariz o en la parte alta del labio superior. Si el adolescente siente el roce del aire, por leve que sea, se concentra la atención en esa sensación. En el supuesto de que la sensación no se note, no importa. La mente continúa fija en las aletas de la nariz; se trata de observar la entrada y la salida del aire. Se le explica al niño que no se trata de pensar, sino de sentir, y que cada vez que vea que la mente se aleja del ejercicio, la tome con paciencia y la dirija con firmeza al ejercicio.

La atención al curso de la respiración contando y sin contar

Contando:
Se concentra la mente en la respiración y se está atento al curso del aire al entrar y al salir. Cada vez que se va acabando de exhalar, se cuenta de uno a diez, aplicando el número correspondiente a cada espiración. Al llegar a diez, se recomienza la cuenta por uno. O sea, se van contando las exhalaciones sucesivamente de uno a diez.

Sin contar:

Se concentra la mente en la respiración. Se trata de estar muy atento, siguiendo el curso del aire al inhalar y al exhalar, evitando en la medida de lo posible distracciones.

La atención al punto de confluencia entre la inhalación y la exhalación

Se le explica al niño que siga con mucha atención el curso de la inhalación y de la exhalación, pero que trate de poner más atención aún en el momento en el que la inspiración se funde con la espiración, y viceversa. El profesor sabrá explicar al adolescente cómo proceder, siempre tenemos que insistir en ello, adaptando el lenguaje y las explicaciones a la edad del niño.

La atención al dentro y fuera de la respiración

Se le explica al niño la dinámica de la respiración en cuanto que es un proceso que consiste en tomar el aire y exhalarlo, y que cuando se toma el aire, este entra, y cuando se exhala, este sale, o sea que el aire está unos segundos dentro y unos segundos fuera. Se trata de concentrar la mente en la respiración y sentir cuando el aire está dentro y cuando el aire está fuera. Si el niño es muy distraído, puede decir mentalmente «dentro» cuando el aire está dentro y «fuera» cuando el aire sale.

La atención a la respiración coloreándola

Es un magnífico ejercicio de concentración. Se trata de que el niño se conecte con la respiración e imagine o visualice el aire que toma y exhala de un color, sea verde o rojo, amarillo o violeta. No debe estar cambiándose de color, y lo ideal es mantenr unos minutos la visualización del color seleccionado. El niño puede elergir el color que prefiera para facilitar la concentración.

La atención a la respiración como fuente de vitalidad

Se le explica al niño que la respiración es una fabulosa fuente de energía y vitalidad. El ejercicio consiste en conectarse con la respiración e imaginar que al tomar el aire uno se llena de fuerza y vitalidad y que al irlo expulsando esta fuerza o vitalidad se extiende por todo el cuerpo y lo vigoriza y dota de resistencia y bienestar.

8. Atención al cuerpo

¿Por qué se le confiere tanta importancia al cuerpo para la fijación y estabilización de la mente, sobre todo cuando hablamos de adolescentes? Porque el cuerpo es tangible, menos volátil que la mente, idóneo para ser experimentado y para vivir sus sensaciones. Es la base de la prirámide humana, e incluso un niño pequeño, si se le explica adecuadamente, puede tener la experiencia de su cuerpo, así como de las sensaciones de temperatura, presión, contacto u otras. Por eso, para que el niño comience a lograr que su mente esté atenta, por fugazmente que sea, le puede ser de gran ayuda su corporeidad. Incluso se le puede mostrar la vía de sentir el cuerpo acariciándole o presionándole ligeramente en puntos del cuerpo, pidiéndole que se concentre en lo que va sintiendo.

El trabajo de concentración sobre la corporeidad es especialmente importante para el niño, que también mejorará mucho su coordinación y control psicosomático, y el cuerpo no solo será un objeto de placer o de dolor, sino un medio para unificar la mente y mejorar la calidad de vida psíquica.

Existen un buen número de ejercicios en los que el cuerpo es el objeto de atención. Facilitamos algunos de los más esenciales y al alcance de cualquier adolescente. El profesor o la persona que imparta las instrucciones debe explicar con la minuciosidad necesaria el ejercicio, lo que será más fácil si esa persona los ha practicado y experimentado.

La atención a las sensaciones en las palmas de las manos

Se trata de concentrarse tan firmemente como sea posible en las sensaciones que vayan apareciendo en las palmas de las manos. Se retira la mente de todo y se estabiliza la atención en las palmas de las manos. No es un ejercicio de imaginación. Simplemente uno está atento a las palmas de las manos, cara interna de los dedos y a las yemas de los mismos ,y se concentra y absorbe en las sensaciones que enseguida irán apareciendo, que serán hormigueo o cosquilleo, radiación o sensación de vida. Cada vez que la mente se aleje, hay que tomarla y llevarla de nuevo a las palmas de las manos, para quedar ensimismado en las sensaciones que se van ofreciendo. Se le explicará al niño que irá sintiendo una especie de energía o cosquilleo y que es ahí donde debe tener la mente fija.

La atención a las sensaciones en las plantas de los pies

Este ejercicio consiste en desconectar la mente de todo y fijarla en las plantas de los pies para ir sintiendo las sensaciones que se vayan produciendo. Es más difícil que la concentración en las sensaciones en las palmas de las manos, que son más perceptibles

También se puede complicar el ejercicio, pidiendo al niño que se concentre a la vez en las palmas de las manos y en las plantas de los pies.

La atención a la postura corporal

Sentado y quieto, se retira la atención de todo y se fija en la posición corporal. El cuerpo es así como un poste al que se ata la mente, como un mástil que sostiene la concentración. El adolescente debe sentir su cuerpo. Hay que explicarle que no se trata de pensar cómo está situado el cuerpo, sino de sentirlo, y de que, cada vez que que la mente se vaya del cuerpo, la agarre y la traiga de vuelta.

La atención a la postura corporal elevando un brazo

Sentado, el niño pone la atención en su cuerpo. Después, muy lenta y concentradamente, va elevando uno de los brazos en el aire hasta llevarlo por encima de la cabeza. Después lo baja también muy lentamente. Repite la operación con el otro brazo y luego con ambos brazos a la vez. Puede hacer el ejercicio media docena de veces.

La atención a los puntos de contacto

Se trata de que el niño, tumbado en el suelo, vaya dejando la mente unos instantes en cada punto de contacto en el cuerpo. El instructor puede irle señalando los puntos de contacto e indicándole cuándo debe pasar de uno a otro. Por ejemplo:

- Siente la presión de las nalgas contra el suelo.
- Ahora siente las piernas contra el suelo.
- Siente las manos contra las piernas.
- Siente la ropa en el cuerpo.
- Siente la lengua contra los dientes.
- Etcétera.

Se puede permanecer en cada punto de contacto de cinco a diez segundos.

La atención a las sensaciones del cuerpo mientras se recorre mentalmente

Se le enseña al niño a que vaya recorriendo, con lentitud y atención, las distintas partes de su cuerpo, desde la cima de la cabeza al dedo gordo del pie. Se va pasando el foco de atención por las distintas partes de la cara, por detrás de la cabeza, las diversas partes del cuello; un hombro y el brazo hasta las yemas de los dedos; lo mismo con el otro brazo; el pecho, después la espalda; el estómago y a continuación las nalgas; una pierna hasta el dedo gordo del pie y luego la otra pierna. No se trata de pensar o imaginar, sino de sentir. Se puede hacer el recorrido desde la cima de la cabeza al dedo gordo del pie y del dedo gordo del pie a la cima de la cabeza. Cuando una zona no se siente, se detiene uno un ratito en ella y luego, tanto si se siente como si no, se sigue adelante.

9. Concentración pura

Todos los ejercicios son de concentración, pero llamamos ejercicios de «concentracón pura» a aquellos que se sirven de un soporte o apoyo fijo para estabilizar la mente. Hay que explicarle al niño que debe tratar de mantener la mente fija en el objeto seleccionado para la concentración. La concentración, dicho de una manera sencilla, es la fijación de la mente en algo con absoluta exclusión de todo lo demás. En la medida en que uno está más concentrado, se cierra más la puerta a otras ideas y se van corrigiendo distracciones. La concentración es especialmente útil para los niños, que suelen tener una mente muy dispersa. Les ayudará mucho en sus estudios y también en actividades como la pintura o el dibujo. El ejercicio seleccionado se puede mantener de cinco a diez minutos.

Concentración en la llama de una vela

Se coloca una vela encendida a un metro y medio o dos de distancia, en línea recta aproximada con el entrecejo. Se le pide al niño que fije la vista en la llama de la vela y trate de estar muy atento a la misma, como si nada más existiera. Después se le indica que cierre los ojos y trate de estar atento en su mente a la llama de la vela. Se pueden dedicar cinco minutos a la observación y cinco a la representacción mental.

Concentración en una figura geométrica

Se selecciona una figura geométrica (cuadrado, círculo, rombo, rectángulo) y se trata de visualizar la figura elegida durante unos minutos, llevando de nuevo la mente hacia el soporte de la concentración cada vez que se aleje. Este ejercicio también se puede hacer contemplando unos minutos una figura geométrica preparada para tal fin y luego cerrando los ojos y tratando de representarla mentalmente.

Concentración en un color

Se elige un color y se visualiza como si llenara el campo

visual interno. No hay que cambiar de color una vez se haya elegido uno; se tratará de mantenerlo lo más fielmente posible en la mente a lo largo de los minutos previstos.

Concentración en un disco de luz

Se concentra la mente en un círculo de luz, tal como el sol o la luna. La mente se estabiliza en esta imagen o idea y, cada vez que se disgregue, se la coge con paciencia y se la lleva al ejercicio.

Concentración en el entrecejo

Se trata de apartar la mente de todo y fijarla en el pequeño espacio corporal entre las cejas. Ahí debe mantenerse fija y hay que devolverla al mismo lugar cada vez que se disperse.

Concentración en una pequeña esfera de luz blanca

En este ejercicio se utiliza como apoyo o soporte una pequeña esfera de luz blanca del tamaño aproximado de una nuez, que se sitúa mentalmente ante uno.

Concentración en una flor

El niño debe seleccionar una flor, la que prefiera, y situar-
la mentalmente ante él para tratar de tener la mente tan
fija como pueda en las características de la flor. No se
trata de pensar o argumentar sobre la flor, sino de mantener la mente fija en la forma y características de la flor.

Concentración en un sonido

Se concentra la mente en un soniido repetitivo, como
el tictac de un reloj. El instructor puede golpear con un
ritmo adecuado, por ejemplo, un gong o una bande-
ja. El niño debe estar atento tanto al sonido como al
espacio de silencio entre el sonido. Es un ejercicio que
resulta ameno al adolescente y que es muy eficiente
para atraer su atención y mantenerla.

Concentración en el tacto

Se invita al niño a que toque diferentes objetos estando
muy atento a las sensaciones táctiles que produce cada
objeto, que deben ser de diferentes materiales: madera,
acero, cristal, etc. El niño mantendrá la atención en la sensación táctil unos minutos, concentrándose en la misma.

Concentración caminando con los pies descalzos

El niño puede caminar unos metros por la casa con los pies descalzos, siempre que no haga frío, estando especialmente atento a las sensaciones que experimenta en las plantas de los pies

Como ejercicio divertido para el niño (si se le sabe presentar como se debe) puede ser invitarle a que sienta la sensación del agua al lavarse o del líquido que ingiera al beber. De esta forma, el niño, a través de sus sensaciones de cualquier tipo, puede aprender a estar más perceptivo y a situar la mente en el momento o la situación presentes.

Concentración en un fondo negro

Este ejercicio también se ha venido denominando «la noche mental». Se visualiza un velo negro cayendo sobre los ojos o bien una pantalla negra y se trata de irlos haciendo crecer en el campo visual interno. También se puede mentalizar que se va pintando de negro. Indudablemente, el ejercicio es mucho más fácil si hay poca luz en la estancia o si se está completamente a oscuras.

10. Visualización

No sentimos lo mismo si evocamos un bosque o un ras-
trojo, una persona grata o una detestada, una situación
agradable o una desagradable. Partiendo de este principio, los sabios de Oriente concibieron y ensayaron métodos de visualización transformativa y creativa, para así
cultivar estados mentales positivos y emociones bellas.
Existen un gran número de ejercicios de visualización,
pero hemos seleccionado algunos sencillos para el niño,
que el instructor le explicará con un lenguaje adecuado
a su edad. Estos ejercicios los adultos los hacen sentados,
pero el niño puede ejecutarlos estirado y en relajación
profunda.

Visualización de las aguas de un lago

Se visualizan las apacibles aguas de un lago y se inspi-
ra uno en ellas para crear un sentimiento de profunda
calma. Si se nos aparecen pensamientos, imaginamos

que son como las ondulaciones que se producen en las aguas del lago, que aparecen y luego se desvanecen y las aguas vuelven a remansarse y ser fuente de quietud.

Visualización de la bóveda celeste

Se visualiza el firmamento claro, despejado y sin límites. De la misma manera que el azúcar se disuelve en el agua, uno siente que se funde con el firmamento, experimentando un sentimiento de expansión y apertura. Si vienen pensamientos, son como nubes que vienen y marchan, pero no nos arrastran.

Visualización de la luz blanca

La visualización de la luz blanca tiene un gran poder para disolver los pensamientos en la mente. Se trata de imaginar que una nube de resplandeciente luz blanca satura la mente, como una nube que la envuelve. Uno se va absorbiendo en esa luz y va evitando que la mente se distraiga.

Visualización del punto de luz dorada

Se visualiza que del corazón parte un punto de tranquilizadora y placentera luz dorada, como la luz dorada de un amanecer. Se visualiza que esta luz dorada, lentamente, se va propagando en todas las direcciones hasta conformar un océano ilimitado de deleitosa luz dorada en el que uno está inmerso con un sentimiento de paz y plenitud. Hay que implicar la mente y la emoción.

Visualización de uno mismo

Se le enseña al niño, detalladamente, a visualizarse a sí mismo haciendo algo en lo que quiera mejorar, sea una actividad gimnástica o deportiva, un juego, el estudio, etc. El niño se visualiza a sí mismo ejecutando con mayor tranquilidad y precisión cualquier acción. Pueden seleccionarse muchas escenas, como verse a sí mismo seguro en situaciones que le producen timidez o inseguridad o tantas otras que entre el niño y el instructor, y de acuerdo con las necesidades del chico o la chica, se pueden configurar. Este ejercicio también puede hacerse en relajación profunda.

11. Cuatro ejercicios mentales para dominar el pensamiento

Los tres ejercicios incluidos en este apartado son especialmente importantes y eficientes. Son relativamente fáciles de explicar al niño o adolescente, que sin duda irá tomando interés por los mismos. De vez en cuando, el instructor debe motivar al niño con afirmaciones positivas, tales como «seguro que te sale muy bien», «lo vas a hacer muy bien y te hará sentir muy a gusto» y otras similares. El apoyo del instructor es muy necesario y conveniente.

La pantalla mental

Hay que explicarle al niño que los pensamientos y emociones están siempre viniendo, como si fueran una película en la pantalla de la mente. Se le pide que trate de observar esos pensamientos o emociones cuando surjan, como si los estuviera viendo en el televisor o en la pantalla del cine.

No tiene que provocarlos ni suprimirlos, sino solo tratar de ver que vienen y se marchan, y que él es el espectador atento y sereno de lo que va pasando por su mente. Hay que explicarle que, si de repente los pensamientos se lo llevan, debe volver, cuando pueda, a observarlos, porque los pensamientos son como nubes que vienen y se marchan, pero no debe dejar que lo arrastren.

Estar alerta y sosegado

Se invita al niño a que esté tranquilo y atento a todo y a nada, es decir, que trate de estar atento, pero sin que sea necesariamente a algo en concreto. Se trata de estar en el momento presente. Si hay un ruido o sonido, lo escucha, pero lo deja pasar; si siente algo en el cuerpo, lo siente, pero lo deja pasar; si viene una idea, la mira, pero la deja pasar; si le viene a la mente un recuerdo, lo mira, pero lo deja pasar. Se le puede decir al niño, como recordatorio, de vez en cuando y mientras hace el ejercicio: «Estate tranquilo y atento».

El silencio interior

Es esencial enseñarle al niño a recogerse y a empezar a disfrutar del silencio interior. De acuerdo con su edad, el instructor se lo explicará con unas u otras palabras. Con niños de menos de siete u ocho años, el lenguaje tiene que ser más sencillo, pues aunque a partir de los ocho años ya empiezan a tener más capacidad abstractiva, hasta ese momento se puede decir que carecen de ella.

Este es un ejercicio de recogimiento, donde hay que poner la atención y el interés hacia dentro, para ir consiguiendo un espacio de silencio interior y de instrospección. Se le puede poner al niño el ejemplo de que es como si fuera a visitar una cueva que está dentro de sí mismo, muy agradable y confortadora, en la que va a quedar recogido y protegido, con una sensación de mucha paz y bienestar, sin hacer caso a los pensamientos y dejando fuera de su mente las actividades externas. Se le invita a que, cada vez que vea que su mente ha salido de la cueva, vuelva a llevarla hacia dentro, sumergiéndose más y más en sí mismo, recogido en su mundo interior.

El niño va aprendiendo así a equilibrar su lado extravertido con su lado de instrospección, y va encontrando una excelente herramienta para poder tranquilizarse cuando sea necesario en su vida. Saber parar es muy importante en una sociedad ansiosa, estresante, donde el niño experimenta la presión de los códigos familiares, la escuela, los estudios y la desavenencia con algunos compañeros. Hay que explicarle al niño que con este ejercicio se cargará de energías y así podrá sentirse mucho mejor y fatigarse menos en el estudio o en las actividades diarias.

Cortar los pensamientos en su raíz

Se trata de enseñarle al niño a que ejercite su voluntad cortando el pensamiento y no permitiéndose pensar. Este ejercicio no es aplicable a niños pequeños por lo difícil que resulta explicárselo, pero sí a adolescentes, les ayudará a ir entendiendo por propia experiencia que una cosa es pensar y otra es ser pensado. Para el adolescente será muy importante aprender la diferencia entre los pensamientos que vienen por sí mismos, automáticamente, y el hecho de pensar y reflexionar de forma voluntaria. Tan importante es saber pensar como saber dejar de pensar. Un descubrimiento que resultará muy esencial para la vida de una persona es saber hallar esta básica diferencia entre los pensamientos mecánicos y la acción consciente y voluntaria de pensar. No se puede evitar que el pensamiento surja, pero sí que procese en la mente y se desarrolle. Cuando el pensamiento surge, es como una gota, pero cuando se desarrolla es como una gota deslizándose. Con un poco de empeño, el adolescente puede evitar que el pensamiento forme cadenas de ideas.

12. La relajación meditativa

Se le puede enseñar al adolescente a practicar lo que podríamos llamar la relajación meditativa. Consiste en efectuar la relajación aplicando algunos ejercicios de estabilidd mental y concentración.

El niño debe tumbarse boca arriba sobre una superficie ni demasiado blanda ni demasiado dura, tal como una moqueta, alfombra o manta doblada en cuatro. La estancia debe estar sumida en una luz agradable y en lo posible debe reinar el silencio. El instructor se sienta a su lado, pero manteniendo una distancia de un metro aproximadamente. Le explica al niño que va a participar en un ejercicio muy agradable de relajación y que lo único que tiene que hacer es dejarse llevar por sus indicaciones. Le sugiere que coloque los brazos a ambos lados del cuerpo, como más cómodo se encuentre, y que mantenga la cabeza confortablemente apoyada (se puede utilizar una almohada o un cojín). Se le pide al niño que entorne los ojos y respire con tranquilidad, asegurándole que, poco a poco, se irá sintiendo muy a gusto.

Con una voz sosegada y con ritmo lento, el instructor comienza a relajar con su voz al adolescente, siguiendo lo que se llama relajación progresiva por zonas. Se puede utilizar el siguiente texto, donde incluyo algún ejercicio de relajacion meditativa:

- Estate tranquilo y atento. Ya verás qué a gusto vas a comenzar a sentirte. Primero pon la mente en los pies y las piernas. Siente los pies y las piernas. Todos los músculos de los pies y de las piernas se van a ir poniendo flojos, muy flojos, completamente flojos, relajados; sueltos, muy sueltos, completamente sueltos, abandonados; más y más abandonados. Asimismo, se van relajando todos los músculos del estómago y del pecho. Siente cómo se van aflojando más y más profundamente; más y más profundamente. Ahora coloca la mente en la espalda, los brazos y los hombros. Siente que se van poniendo muy flojos. Todos los músculos de la espalda, los brazos y los hombros se ponen más y más flojos, relajados; más y más flojos, relajados. Ahora coloca la mente en el cuello. Los músculos del cuello están muy suaves y relajados, suaves y relajados. Te vas encontrando muy a gusto, muy relajado; muy a gusto, muy relajado. También los músculos de la cara se relajan más y más, más y más, más y más.

- Todo tu cuerpo se va poniendo muy flojo, completamente flojo, y cada vez te vas sintiendo más a gusto. Sientes en todo el cuerpo una sensación de relajación profunda, sosiego, bienestar. El cuerpo se va soltando más y más profundamente; más y más profundamente. Es como si una nube de paz y bienestar te envolviese; una nube de paz y bienestar. Te sientes muy a gusto. Lo estás haciendo muy bien.

• Ahora siente la respiración. Date cuenta de que viene y se marcha, viene y se marcha. Siéntela. La respiración es como una ola que viene y se marcha, viene y se marcha, y así cada vez te sientes más tránquilo, más relajado, más a gusto.

• Siente la zona con la que respiras. Al tomar el aire, sube, y al expulsarlo, baja. Siente cómo sube y baja esa parte del cuerpo. Muy bien, lo estás haciendo magníficamente. El aire viene y el aire parte. Cada vez te encuentras más a gusto.

• Ahora imagina una pradera verde. Es una bonita pradera verde donde todo está en paz. Imagínala y siente su paz, su bienestar. Todo tu cuerpo está relajado, muy a gusto, y tu mente también está muy a gusto imaginando una pradera.

• Me voy a callar ahora unos minutos. Sigue relajado, a gusto, e imaginando una pradera. Te sientes muy bien, y cada día que hagas el ejercicio, lo harás tovavía mejor, te sentirás aún más a gusto.

Se guardan tres minutos de silencio, para después decir:

• Ahora respira cuatro o cinco veces muy profundamente, a pleno pulmón. Ve moviendo poco a poco las manos, los brazos, los pies y las piernas. Muy bien. Ahora ya puedes salir de la relajación. ¡Qué buena experiencia! Ya verás como el resto del día te vas a sentir muy a gusto y descansado.

La relajación meditativa le permitirá al niño ir conociendo su cuerpo y también estabilizar su mente, y encontrar una manera de estar más a gusto y sosegado. La sesión puede durar diez o doce minutos. Si el niño es de muy corta edad, se puede utilizar un lenguaje más infantil y comparar su cuerpo con un muñeco de trapo que se va poniendo muy flojo. También se puede utilizar un cuento, como que se está paseando por un bosque y después de caminar y tener muchas emociones, se tumba uno sobre el suelo para descansar. Se puede adornar el cuento como se crea oportuno.

Contraer y relajar

Hay niños que son muy inquietos y encuentran no pocas dificultades al relajarse. En ese caso se puede recurrir al método de relajación que consiste en contraer y relajar, que le permite al adolescente ir conociendo sus focos de tensión y aliviándolos. El instructor puede ir señalando las distintas zonas a contraer y relajar. La contracción puede durar aproximadamente cinco segundos.

Una vez que el niño esté tumbado sobre la espalda, se le invita a que cierre una mano fuertemente y luego la suelte; lo mismo con la otra mano; después un brazo y luego el otro brazo; a continuación un pie, luego el otro pie; una pierna y después la otra pierna. Se procede lo mismo con el estómago, contrayéndolo y soltándolo, y después con el cuello, para finalmente hacerlo con los párpados y todos los músculos de la cara. A continuación, se le dice al niño:

· Ahora estás relajado, muy profunda y plácidamente relajado. Todo tu cuerpo se relaja más y más, profundamente; más y más, profundamente. Respira con tranquilidad y te vas relajando cada vez más profundamente. Lo estás haciendo muy bien. Estás tranquilo y a gusto; tranquilo a gusto. Muy bien.

Apéndice I: tabla de posturas

Una óptima manera de que el niño cultive su atención y aprenda a mejorar la coordinación de su organización psicosomática es la ejecución de *asanas* o posturas de yoga. En nuestra obra *Yoga para niños* incluimos numerosas tablas con *asanas*. En este apéndice ofrecemos una tabla muy básica e importante. Antes de ejecutarla, el niño puede hacer algunos ejercicios de calentamiento como los que se realizan en gimnasia sueca.

En lugar de relajarse entre postura y postura, puede hacer todas las posturas seguidas, manteniendo un ratito cada una de ellas. Ofrezco unos tiempos de detención de la postura, pero pueden adaptarse a la edad del niño, pues cuanto más pequeños son más les cuesta mantener la fase de detención en la postura. El instructor tiene que manejarse con todo ello. De cualquier manera, es conveniente aleccionar al niño para que efectúe las posturas con movimientos lentos y concentrados. Ha de entender que la postura consta de tres fases:

- Hacer
- Mantener
- Deshacer.

La respiración debe ser, preferiblemente, por la nariz y sosegada. El niño debe estar atento a su propio cuerpo o a la respiración. Debe hacer la postura hasta su límite razonable y aplicando esfuerzos bien dirigidos, pero nunca excesivos.

Tras realizar la tabla que exponemos, puede hacer algún ejercicio respiratorio y una sesión de unos ocho o diez minutos de relajación.

Tabla de *asanas*:

Postura de la cobra

- Tumbado en el suelo boca abajo, eleva el tronco tanto como puedas y sitúa las palmas de las manos contra el suelo a la altura de los hombros. Ve elevando lentamente el tronco, dejando el estómago en el aire, pero el bajo vientre en el suelo. Las piernas permanecen juntas y la cabeza bien hacia atrás.

• Se mantiene la postura de treinta a cuarenta segundos y se hace dos o tres veces.

Beneficios

Dota de elasticidad a la espina dorsal y aumenta su capacidad de resistencia; estimula los pares de nervios espinales; mejora el funcionamiento glandular en general; activa el funcionamiento cerebral; ejerce masaje renal; previene contra la indigestión y trastornos digestivos en general; estira y revitaliza vigorosamente los músculos anteriores del cuerpo; mejora el funcionamiento de los riñones y las cápsulas suprarrenales.

Postura de la pinza

- Sentado en el suelo con las piernas juntas estiradas, ve inclinando lentamente el tronco hacia delante hasta donde te sea posible, pero sin doblar las rodillas. Aproxima también tanto como puedas los antebrazos al suelo, agarrando las plantas de los pies o los tobillos. Acerca tanto como te sea posible la cara a las piernas.
- Mantén la postura de medio minuto a un minuto y ejecuta de dos a tres veces.

Beneficios

Ejerce un masaje sobre todas las vísceras del abdomen, mejorando el funcionamiento de todos los órganos de esa zona; estira y revitaliza todos los múscu-los posteriores del cuerpo; mejora el riego sanguíneo en general; seda el sistema nervioso y ayuda a introvertir la mente; induce a una posterior relajación más profunda; desbloquea, desestresa y dota de flexibilidad a la espina dorsal.

Postura de la torsión

• Sentado en el suelo, con las piernas juntas y estiradas, dobla la pierna derecha y pasa el pie al otro lado de la pierna izquierda, situándolo cerca de la rodilla izquierda, con la planta del pie en el suelo. Seguidamente, cruza  el brazo izquierdo por encima de la pierna derecha al lado de la pierna estirada. Gira tanto como puedas el tronco, los hombros y la cabeza hacia la derecha. Tras mantener la postura el tiempo indicado, se deshace para ejecutarla por el otro lado.

• Se mantiene la postura de cuarenta y cinco segundos a un minuto por cada lado y se hace una o dos veces.

Beneficios

Estira y revitaliza todos los músculos del tronco; equilibra la espina dorsal y previene contra trastornos de la columna; estimula los músculos dorsales y los pares de nervios espinales; ejerce un beneficioso masaje sobre las vísceras abdominalres; evita crispaciones y contracturas; previene contra trastornos gastrointestinales.

Media postura de la cobra

- De rodillas, avanza la pierna izquierda y situa la planta del pie en el suelo. A continuación, desplaza el peso del cuerpo sobre la pierna izquierda, flexionando por la rodilla, pero sin echar el tronco hacia delante. Desciende tanto como puedas, con los brazos estirados a ambos lados del cuerpo. Mantén la postura el tiempo indicado y luego deshazla y efectúala por el otro lado.
- Se mantiene la postura durante unos cuarenta segundos por cada lado y se puede hacer una o dos veces.

Beneficios

Fortalece las extremidades inferiores, el hueso sacro y la región coccígea; mejora el riego sanguíneo a las piernas; fortalece los músculos gemelos y glúteos; mejora el funcionamiento renal; pre-

viene contra el lumbago y la ciática; mejora el sentido del equilibrio.

Postura de extensión sobre la pierna

- Sentado, con las piernas juntas y estiradas, flexiona la pierna izquierda hacia dentro y coloca la planta del pie izquierdo junto a la parte alta de la cara interna del muslo derecho. A continuación, inclina lentamente el tronco hacia la pierna estirada tanto como puedas y agarra la planta del pie o el tobillo, aproximando los antebrazos al suelo y la cabeza a la pierna estirada. Mantener la postura, deshacerla y efectuarla por el otro lado.
- Se mantiene la postura cuarenta y cinco segundos por cada lado y se hace dos veces.

Beneficios

Estira muy vigorosamente toda la musculatura posterior del cuerpo y dota de elastidad a la espina dorsal hacia delante; ejerce un benéfico masaje sobre todas las vísceras del abdomen y mejora el funcionamiento de los riñones y de las cápsulas suprarrenales; introvierte la mente y seda el sistema nervioso, pacificando asimismo las emociones.

Postura de la vela

• Tumbado en el suelo boca arriba, con los brazos a ambos lados del cuerpo, presiona las manos contra el suelo y ve elevando las piernas y el tronco hasta que permanezca todo el cuerpo tan erguido como te sea posible, desplazando todo el peso hacia los hombros y dejando que la barbilla quede fija contra la raíz del pecho. Dobla los brazos y coloca las manos en la espalda. Para deshacer la posición, inclina lentamente las piernas hacia atrás y conduce los brazos a la posición inicial, para después descender con lentitud.

• Se mantiene la postura un minuto o más y se hace solo una vez.

Beneficios

Irriga de sangre el cerebro y favorece todas sus funciones; equilibra el funcionamiento de la glándula tiroides; mejora el riego sanguíneo en general y previene contra varices; aumenta la capacidad de concentración, atención y memoria.

Apéndice II: cómo enfocarlo al niño

El instructor (o, en su caso, el padre, la madre o la persona que enseñe o guíe) debe explicar al niño los aspectos esenciales sobre la meditación. Abordamos los más importantes. Queda ya a la sensibilidad del instructor con qué lenguaje dirigirse al niño de acuerdo con su edad.

¿Qué es la meditación?

Se le explicará al adolescente que, igual que hay un ejercicio para el cuerpo, hay uno para la mente, y del mismo modo que es conveniente ejercitar el cuerpo, también es bueno adiestrar la mente. Con el ejercicio físico se logra bienestar para el cuerpo y con el mental o meditación, bienestar para la mente, que se puede entrenar como un músculo. Hay que hacerle ver al niño que la meditación es una práctica muy beneficiosa y natural. Se le explica que la meditación es un modo para estar más atento y que así todo tiene más intensidad y que incluso los juegos son más divertidos. Se puede poner el ejemplo de un gato, que es capaz de estar quieto y sin embargo muy atento. La meditación es también estar atento y tranquilo. También se puede recurrir al símil de un lago: si sus aguas están turbias, basta con dejarlas aquietarse y se vuelven transparentes. Lo mismo sucede con la mente. Explicarle que la meditación es una práctica muy antigua, que hacen millones de personas, para tener una mente mejor, también puede resultar muy conveniente.

¿Para qué la meditación?

El adulto debe comprender que el niño, al igual que los mayores, tiene muchos problemas y dificultades. A veces tiene fricciones con los profesores o los compañeros en la escuela; está sometido al estrés de sacar buenas notas y amoldarse a las pautas que le imponen y que a menudo no termina de comprender ni aceptar; padece de estados emocionales de tedio, inconformismo, soledad o ansiedad. Hay que hacerle comprender que la meditación le va a procurar calma y alegría y que le hará sentirse mejor, con más contento interior, más energía, aplomo y concentración. También que le ayudará a tener una mente más obediente.

La meditación no es una obligación

El niño tiene que ir asumiendo por sí mismo que la meditación le va a ser de gran ayuda para toda su vida. Jamás se le debe presionar para que la practique y nunca debe sentirla como una obligación o deber.

Cuando empiece a meditar, se dará cuenta de cuán distraída es la mente. Hemos de explicarle que es así para todo el mundo y recurrir a los símiles de que la mente es como un mono loco y ebrio o como un elefante furioso, pero que se puede ir entrenando para que sea más obediente. Podemos decirle que al igual que se canalizan las aguas, hay que aprender a canalizar la mente.

El instructor tiene que tratar de mantener una buena empatía con el adolescente, para este se sienta comprendido y pueda contarle sus dificultades con la meditación. Tras la sesión, es bueno preguntarle al niño qué tal le ha ido y tratar de darle las explicaciones que requiera y saber motivarle para que no se desanime. El niño tiene que saber que no es en absoluto una práctica religiosa. También hay que explicarle que se pueden producir molestias físicas, pero que eso no tiene importancia y que él es lo suficientemente fuerte para superarlas.

En niños muy pequeños bastará con aplicar sesiones de cinco o diez minutos, que se pueden extender hasta quince minutos en adolescentes.

editorial K airós

Puede recibir información sobre
nuestros libros y colecciones inscribiéndose en:

www.editorialkairos.com
www.editorialkairos.com/newsletter.html
www.letraskairos.com

Numancia, 117-121 • 08029 Barcelona • España
tel. +34 934 949 490 • info@editorialkairos.com